고대 도성, 권력으로 읽다

금요일엔
역사책

6

고대 도성,
권력으로 읽다

권순홍 지음

한국역사연구회
역사선

푸른역사

○

프
롤
로
그

한여름이었지만 아침 공기는 시원했다. 일행은 가벼운 산행 복장을 하고 호텔 로비에 모였다. 미리 와 있던 가이드가 오늘 일정을 브리핑하며, 첫 행선지를 설명했다.

"버스 타고 약 20분쯤 가면 오녀산성 주차장에 도착합니다. 이곳은 고구려 시조 주몽이 처음 도읍한 곳입니다."

미리 조사해온 일행 한 명이 지레 겁을 줬다.

"계단이 천 개라던데."

조촐하지만 새벽까지 이어진 뒤풀이의 여독 탓인지, 천 개의 계단 소리에 정신이 아득해졌다. 계단 오를 걱정만 하며 버스 창가에 앉아 낯선 마을의 아침을 무심히 바라보는데, 저 멀리 산 하나가 눈에 들어왔다. 정상부에 거대한 절벽이 병풍처럼 펼쳐진 산, 웅장함에 눈을 뗄 수 없는 산. 단박에 알아챘다. '오녀산이구

고대 도성, 권력으로 읽다 ➡●

[그림 1] 중국 요령성遼寧省 환인桓仁의 오녀산성五女山城
산의 정상부가 깎아지른 듯한 암석이고, 그 위에 평평한 대지가 펼쳐져 있는
오녀산의 신성한 경관은 샤머니즘적 세계관에서 세계산·우주산으로 기능하게 했다.
* 출처: 서울대학교박물관·동북아역사재단, 《하늘에서 본 고구려와 발해》,
서울대학교박물관·동북아역사재단, 2008, 17쪽.

나. 그래, 내가 주몽이라도 저 산에 올라갔겠다.' 그렇게 눈길을 사로잡는 산이었다. 옆에 앉은 다른 일행이 말했다.

"아크로폴리스 같네요. 아테네의 아크로폴리스도 저렇게 절벽 위에 있잖아요. 멋있게."

그러고 보니, 그런 것 같았다. 보통 웅장하고 멋있는 경관을 보면 감탄하면서 마치 그곳에 있는 사람까지 웅장하고 멋있는 사람이라고 착각하곤 한다. 이곳 주민들도 모두 저 오녀산을 우러러보듯 주몽을 우러러보지 않았을까. 저 아크로폴리스를 우러러봤을 아테네인들처럼. 그렇게 우러러봐준다면야 '천 개의 계단쯤이야'라고 주몽은 생각했을까.

오녀산성 주차장에서 버스를 갈아타고 절벽 바로 아래까지 가는 도중에 누군가 가이드에게 물었다. "오녀산이라는 이름은 왜 붙은 거죠?" 그러자 이 지역에 다섯 선녀에 관한 전설이 전해 내려온다는 대답이 돌아왔다. 가이드가 들려준 전설의 자세한 내용은 기억나지 않는다. 그보다도 저 산의 웅장하고 멋있는 경관이 주몽 이야기를 포함해서 온갖 신성한 이야기들을 만들어내는 화수분이었다는 점이 더 흥미로웠다. 모름지기 인간이라면 웅장하고 멋있는 경관을 보면서 신성함을 느끼는 것이 당연한 것일까.

그렇다면 아크로폴리스나 오녀산은 경관만 비슷한 것이 아니겠다. 아크로폴리스의 파르테논신전이나, 오녀산 위에 도읍한 천제의 아들 주몽이나, 경관이 부여한 신성성에 의지하고 신성한 곳을 독점하여 권력을 하늘에서 부여받았다고 주장함으로써 권

고대 도성, 권력으로 읽다 ──●

력의 정당성을 창출하려는 노림수가 있었던 셈이니까. 비슷한 경관만큼이나 경관을 활용하는 인간의 활동도 비슷하다.

몇 해 뒤, 윌리엄 호스킨스의 책을 읽던 중 "경관은 자연 풍경이 아니라 역사적 풍경"이라는 구절이 눈에 들어왔다. 황무지를 경지로 만들고 골목과 도로와 샛길을 내고 도시를 건설하는 인간의 모든 활동은 경관을 변화시키며, 그렇게 변화되어 우리 눈앞에 펼쳐진 경관의 배후에는 인간의 역사적 활동들이 깃들어 있다는 그의 지적은 탁월했다. 순간, 그 여름의 기억이, 버스 창을 통해 첫눈에 들어왔던 오녀산의 경관이 사진처럼 떠올랐다. 그때 이 글이 시작되었다.

2023년 가을
권순홍

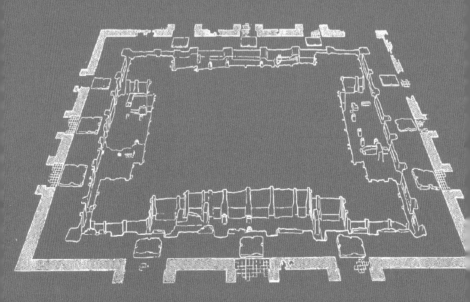

01

담장 너머의 왕

||| 1 |||
취락에서 도성으로

'고도'는 가상의 마을이다. 마을 앞에는 강이 흐르고, 저 멀리로는 높지 않은 산이 마을을 감싸고 있다. '고도'는 소출이 좋아 주변 마을에 비해 먹고 살기 나쁘지 않다. '고도'가 살기 좋다는 소문이 나자 주변 마을에서 조금씩, 조금씩 '고도'로 이주하는 사람들이 생긴다. 그뿐이면 좋으련만, '고도'의 식량을 빼앗으러 오는 이들도 생긴다. 무작정 빼앗길 순 없는 노릇이라, 그들과 맞서 싸운다. 전쟁이다.

몇 차례의 공격을 막아내고 나니, 저들의 무기가 한층 날카로워진다. 공격을 막으려면 '고도'도 이대로 있을 순 없다. 그런데 불행히도, 날카로운 무기와 단단한 방어를 위한 재료가 '고도'에는 없다. 친한 이웃 마을에 부탁할 수밖에. 무턱대고 달라고 하면 '고도'를 공격하는 이들과 다를 바 없으니, '고도'의 소출 일부와 이웃 마을의 재료를 교환하기로 한다. 교역이다.

　적의 공격을 효과적으로 막고, 이웃 마을과의 교역을 효율적으로 성사시키기 위해서는 '고도' 주민들의 의견을 하나로 모을 사람, 지도자가 필요하다. 옆 마을에서는 제일 나이가 많고 식견이 넓은 노인이 지도자가 되었다고 하지만, '고도'는 전쟁을 치러야 한다. 싸움도 해본 사람이 한다고, 주민 가운데 힘 좋고 싸움 경험이 많은 자가 지도자가 된다. 지도자는 전쟁이나 교역 등 '고도'의 중대사를 치르기 위해 주민들의 의견을 모으고 최종 결정하는 역할을 해나간다.

　'고도'는 강해진다. 이웃 마을과의 교역을 통해 단단한 방어막과 날카로운 무기를 얻었을 뿐만 아니라, 힘 좋고 경험 많은 지도자가 적의 공격을 효과적으로 막아낸 결과다. 이제 인근에 '고도'를 함부로 공격할 만한 마을은 없다. 안전한 '고도'로 이주하는 사람들이 더 늘어난다. A라는 마을은 '고도'에게, 소출 가운데 일부를 줄 테니 마을이 공격당할 때 함께 싸워달라고 부탁한다. '고도'의 지도자는 주민들의 의견을 수렴하여 흔쾌히 승낙한다. 그리고 그 값으로 받은 마을 A의 소출을 주민들에게 나누어준다. 그러자 주민 가운데 누군가가 지도자의 공로를 상찬하면서 지도자가 조금 더 챙기는 것이 어떻겠냐는 의견을 제시한다. 자의인지 지도자의 사주인지 알 수 없지만, 지도자는 마지못한 양 자기 몫을 더 챙긴다. 불평등의 기원이고, 권위의 창출이다.

불평등의 기원, 권위의 창출

권위의 단맛을 본 지도자는 잦은 전쟁과 교역을 수행한다. 더 많은 전리품과 교역 물품이 '고도'로 모였다. 하지만 분배는 공평하지 않다. 처음에는 크게 열리는 마을 잔치를 통해 주민들에게 공평하게 분배되었지만, 이제 마을 잔치는 보여주기 행사에 지나지 않는다. 실상은 공을 세운 순서대로 차등을 두며 분배된다. 지도자는 이것이야말로 공정한 것이라고 선언한다. 차별과 구분의 시작이다.

차별과 구분은 입는 옷과 먹는 음식, 사는 집의 차이로 가시화된다. 지도자는 좋은 옷을 입고, 많이 먹으며, 큰 집에 산다. '고도'의 주민들은 그런 지도자의 삶을 인정한다. 그가 전쟁과 교역에서 보여준 능력에 걸맞다고 생각한다. 여기에 불만을 가진 주민이 있다면, 더 나은 능력을 보여주면 될 뿐이다.

잦은 전쟁과 교역을 통해 인근의 잉여 소출이 '고도'로 모이고, 그래서 '고도'의 인구가 자꾸 늘어나고, 소출과 인구를 발판 삼아 '고도'는 경쟁 마을과의 전쟁에서 승리한다. 그리고 이러한 순환은 반복된다. 이제 '고도'는 저 멀리, '고도'보다 더 큰 마을 B와 경쟁한다. 서로를 인정하며 상생하는 방법도 있지만, '고도'의 지도자나 마을 B의 지도자는 그럴 마음이 없다. 아니, 상생을 잊어버렸다. 전쟁은 필연이다.

가진 것이 많을수록 잃을 것도 많은 법. 지면 모든 걸 잃는다는 생각에 양측 모두 필사적이다. '고도'의 지도자는 주변 마을과 합심하여 모든 역량을 동원한다. '고도' 연합은 가까스로 마을 B 연합과의 전쟁에서 승리한다. '고도' 연합의 일원으로서 전쟁에 큰 공을 세운 마을 A의 지도자를 비롯한 공로자들에게 '준지도자'라는 칭호를 부여한다. '고도'의 지도자는 이제 두 번 다시 이런 전쟁을 하고 싶지 않다. 패배한 B의 지도자와 그의 추종자들을 마을 B에 그대로 둔다면, 언제 다시 힘을 모을지 모른다. 그래서 그들을 모두 '고도'로 이주시킨다.

'고도'는 이런 과정을 몇 차례 반복한다. '고도'의 규모가 급격히 커진다. 경쟁하던 마을의 지도자 출신들이 '고도'에 살기 시작하면서 점차 직접 식량을 생산하지 않는 주민들이 많아진다. '고도'의 지도자는 이들과 자신을 구분하고 싶어진다. 저마다 마을 지도자의 능력을 갖고 있던 자들이니만큼, 언제 자신의 자리를 넘볼지 모른다. '고도'의 지도자 자리는 함부로 넘볼 수 없다는 것을 보여주고 싶다.

권력의 출현

지도자는 자신의 자리가 하늘이 정해준 자리라고 선언한다. 고귀한 하늘의 뜻으로 지도자의 자리에 본인이 앉은 것이라고 꾸며낸다. 그러고는 주기적으로 하늘에 감사의 인사를 드리는 행사를 열기 시작한다. 제천의례이다. 중요한 것은 이 행사는 오직 지도자만 주관할 수 있다는 선포이다. 누구도 감히 제천의례를 함부로 주관할 수 없다. 주변 마을에서 한 해 농사가 풍년이길 기원하며 마을 어른들이 하늘에 제사를 지내는 경우가 많았지만, 모두 금지되었다. 이제 하늘 제사는 지도자만이 주관한다.

주민들은 지도자 자리가 그런 자리가 아님을 안다. 애초에 싸움 능력이 좋아 주민들의 선택을 받은 것이지, 하늘의 간택을 받은 것이 아님을 안다. 지도자는 그럴듯한 이야기를 지어내 그런 주민 여론을 호도한다. 말솜씨 좋은 이야기꾼이 동원된다. 어느새 지도자는 알에서 태어났다느니, 하늘에서 내려왔다느니, 허무맹랑한 이야기들이 마을에 퍼진다. 설화이자, '고도' 최초의 역사이다.

지도자가 하늘의 자식이 되면서 그 형제와 자식들도 하늘의 핏줄을 받은 고귀한 자들이 되었다. 고귀한 핏줄의 핵심은 희소성이다. 고귀한 자들이 많아지면 평범해지는 법이니까. 하늘에서 시작하여 지도자를 이어 내려가는 고귀한 핏줄의 계보가 만들어진다. 권위는 이런 계보를 가시화할 때 생긴다. 고귀한 핏줄을 기리는 사당이 지어진다. 종묘이다. 주민들은 종묘를 보면서 권위적 계보를 알게 모르게 교육받는다. 하늘에도 제사를 지냈으니, 같은 방법으로 고귀한 아버지, 고귀한 아버지의 아버지, 고귀한 아버지의 아버지의 아버지에게 제사를 지낸다.

지금까지 살던 지도자의 집은 비록 크긴 했지만, 원래 살던 대로, 주민들 집 사이에 섞여 있었다. 그러나 이제 지도자는 고귀한 하늘의 자식이 되었다. 지도자 자리를 함부로 넘보지 못하게 하기 위해서는 모든 것이 고귀해야 했다. 지도자의 집을 새로 짓는다. 넓은 대지에 큰 집을 짓고, 담장을 두른다. 궁실이다.

담장 안에는 고귀한 자들이 산다. 주민들과 섞여 살지 않을 뿐더러, 주민들은 함부로 지도자의 집에 들어갈 수 없다. 지도자는 '준지도자'들과 똑같은 '지도자'라는 명찰을 달고 싶지 않다. 자신은 고귀한 자이기 때문이다. '고도'의 지도자는 스스로 '왕'이 된다. 능력과 경험으로써 권위를 인정받던 지도자가 타고난 핏줄을 매개로 권력을 행사하는 왕이 되었다. 왕은 이 해를 '고기 1년'으로 선포한다. 제천의례를 독점하고 배타적 공간인 종묘와 궁실을 확보한 왕이 사는 '고도'는 더 이상 마을이 아니다.

||| 2 |||
고대 중국의 도시 등급

인간은 이미 신석기 시대부터 취락Town을 이루며 살아왔다. 신석기 후기를 지나면서 도시City라 부를 만한 중심지를 조영하기 시작했고, 청동기 시대에 이르러서는 이른바 초기 국가를 성립시키기도 했다. '도시 혁명', 이 말은 도시의 조영과 국가의 성립을 표리로 파악했던 평가이다.

국가 성립의 문제는 결국 권력의 문제라고 했던가. 도시의 출현은 곧 계층의 분화이자 권력의 출현이었다. 일반 도시와 중심 도시, 즉 도시 간의 질적 차이가 노정되기도 했다. 이 시기 도시에 사는 사람들 가운데 신석기 시대 이전의 취락에 살던 사람들과 달리, 직접 식량 생산을 하지 않으면서 잉여 생산물을 관리하는 지배계층이 등장하기 시작했다. 이 말은 바꿔 말해, 외부사회에 의존하지 않고는 살아갈 수 없다는 뜻이기도 하다. 단지 사람이 모

• [그림 2] '대읍상大邑商' 갑골문
•• [그림 3] '천읍상天邑商' 갑골문
* 출처 : 郭沫若 主編,《甲骨文合集》第12册, 中華書局,
1983, 36511·36541(파란색은 필자 표기).

여 사는 것만으로는 도시라 부를 수 없다. 계층의 분화와 권력의 출현을 매개로 한 지배계층의 집주集住가 필요조건이었고, 자급자족성을 배제함으로써 필요해진 외부 의존성이 충분조건이었다. 취락에서 도시로의 전환이었다.

고대 중국에서는 이러한 도시를 '읍邑'이라 불렀다. '읍'은 '에워쌀 위口'와 '병부 절卩'로 이루어졌는데, 전자는 성벽을 상징하고 후자는 꿇어앉은 사람의 모습으로서 인간을 상징한다. 글자 자체가 사방이 벽으로 둘러싸인 곳 내부에 사람이 거주하는 모양을 나타낸 것이다. 사방을 둘러싼 벽은 지켜야 할 잉여 생산물의 존재를 암시하고, 더불어 권력자의 존재도 짐작케 한다. 즉 '읍'은 애초에 단순한 취락을 가리키는 것이 아니라 지배계층이 모여 거주한 중심 취락을 뜻하는 것일 수 있었다.

한편, 생산력 발달과 생산량 증대에 따른 계층 분화와 권력 집중의 심화는 도시의 복합성 확대 및 그에 따른 도시 간의 서열화로 드러났다. 고대 중국에서도 이리두二里頭 문화*와 이리강二里岡 문화**[상商 초기]를 거치면서 중심과 주변이라는 도시 서열화가 진행되었고, 상 후기부터는 구체적인 모습이 나타난다. '대읍상大

* 신석기 시대부터 청동기 시대에 걸쳐 중국 황하 중류부터 하류를 중심으로 발달했던 문화로, 도시와 궁전을 건축했다.
** 상商의 전기와 중기에 발달했던 문화로, 궁전 구역만 있던 이리두 문화와 달리 거대한 성벽을 갖추고 있었다.

邑商', '천읍상天邑商'은 기원전 1600년부터 기원전 1046년까지 존속했던 상의 마지막 중심지였던 은허殷墟에서 발견된 갑골문 가운데 상의 중심 도시를 가리키는 용어였다. '대읍' 및 '천읍'과 '읍'의 구분은 도시의 서열화를 보여준다.

읍보다 도, 그 위에 국

주대周代를 거치면서 도시 간의 서열은 등급화되어간다. "순舜이 한 번 옮기니 읍을 이루고, 두 번 옮기니 도都를 이루며, 세 번 옮기니 국國을 이뤘다"는 《여씨춘추呂氏春秋》의 기록은 도시의 등급화를 확인할 수 있는 흔적이다. '읍'보다 큰 도시로서 '도', '국'의 존재를 암시하고, 상과 주를 거치면서 서열화된 도시 중 '읍'의 상위 개념으로서 '도'가 등장했음을 알 수 있게 한다.

주에 이르면 초기 국가 단계를 넘어 주변 방국邦國을 복속시킴으로써 이른바 봉건제가 관철되었고, 왕을 정점으로 한 피라미드 형태의 종법 질서가 마련되었다. '읍'에 거주하던 지배계층의 그것보다 더 큰 권력이 발생한 것은 물론이다. 확대된 권력의 도시가 '읍' 수준에 머물 수는 없었다. '읍'은 이제 그 사회질서의 기본 단위로 자리하게 되었고, '읍'을 바탕으로 한 도시 서열의 상위에 '도', 정점에 '국'이 위치하게 되었다. 단, 주대 '도'와 '국'의 등장은 양적 차이에 따른 서열화로서의 상대商代 '대읍'을 넘어, 질적 구분을 동반한 등급화일 수 있었다.

　　왕궁에서는 문아門阿의 제制는 5치五雉이고, 궁우宮隅의 제는 7치七雉이며, 성우城隅의 제는 9치九雉이다. 경도經塗는 9궤九軌이고, 환도環塗는 7궤七軌이며, 야도野塗는 5궤五軌이다. 문아의 제로서 도都의 성제城制로 삼고, 궁우의 제로서 제후諸侯의 성제로 삼는다. 환도로서 제후의 경도로 삼고, 야도로서 도의 경도로 삼는다《주례周禮》 동관고공기冬官考工記6 장인영국匠人營國).

　　이 기록은 주대 이래 서열화된 도시의 정점에 있던 '도'와 '국'이 무엇인지 말해준다. 여기에는 당시 도시 서열 중 위로부터 세 개의 최상위 도시가 등장한다. '국'과 '제후의 성' 그리고 '도'이다. 봉건제 아래서의 위계대로, '국'은 주왕 즉 천자의 도시를, '제후의 성'은 말 그대로 봉건 제후들의 도시를, '도'는 종실 및 경대부의 채읍采邑(고대 중국에서 왕족, 공신, 대신들에게 공로에 대한 특별 보상으로 주는 영지領地)을 가리켰다. 권력의 위상에 따라 도시의 위상도 가늠되는 셈인데, 위의 기록에서는 성의 높이와 도로의 너비를 규제함으로써 서열을 분명히 하고 있다. 단, 이 최상위 세 개의 도시들은 권력의 위상에 따른 규모의 차등이 있을 뿐 구조상의 구분이 시도되진 않았다. 반면, '도'와 그 하위 도시 간의 구분은 규모의 차등뿐만이 아니었다.

종묘의 존재가 '도'의 기준

> 무릇 읍이란, 종묘宗廟와 선군先君의 주主가 있으면 도라 하고,
> 없으면 읍이라 한다(《춘추좌씨전春秋左氏傳》 장공莊公 28년 겨울).

이 기록은 '도'의 기준을 제시하고 있다. 바로 종묘의 유무이다. 기록에 따르면, 도시의 서열화 가운데 종묘의 존재는 최상위 도시의 조건이다. 천자의 도시인 '국'과 봉건 제후의 도시인 '제후의 성'에 종묘가 있을 것이라는 추정은 어렵지 않기 때문이다. 종묘를 기준으로 '도'가 될 수 있는 도시와 될 수 없는 도시의 구분은 서열화를 넘은 질적인 등급화였다.

그렇다면 왜 종묘가 기준이었을까. 이 시기 종묘는 무엇을 의미하는가. 당시 종묘는 주대의 혈연적 종법 질서와 관련이 있다. 주대의 혈연적 종법 질서의 최고 정점인 대종大宗은 천자이고, 그 지위는 적장자에게 계승되며 나머지 자식들은 제후로 봉해진다. 제후들도 천자의 경우와 마찬가지로 지위는 적장자에게 계승되며 나머지 자식들은 경대부로 삼는다. 단, 경대부의 경우는 적장자가 그 지위를 계승한다는 점에선 같지만, 나머지 자식들은 신분이 세습되지 않는 사士 혹은 서인庶人이 된다는 점에서 달랐다. 즉 경대부의 적장자까지만 최상위 권력의 배타적 재생산 고리에 들어갈 수 있었다. 이러한 종법 질서 속에서 천자와 제후 그리고 경대부만이 '대종' 혹은 '소종小宗'을 칭하면서 종묘를 가질 수 있

고대 도성, 권력으로 읽다 ─●

었다. 다시 말해서 종묘는 천자 및 제후, 경대부의 권력을 혈연적으로 세습해준 선조를 위한 의례 공간이자 권력의 상징이었다. 천자와 제후 그리고 경대부는 세습을 통해 부여받은 권력을 유지하기 위해 종묘를 배타적으로 독점해야 했다. '도'의 등장은 배타적 세습을 매개로 한 소수 권력층의 출현과 무관하지 않았고, 종묘는 그 지표로서 등장했던 것이다.

한편, 춘추 시대 철제 농기구의 사용 등으로 인한 생산량의 급증은 기존의 권력 관계가 아닌 다른 형태의 권력을 불러왔다. 예의 천자, 제후 그리고 경대부의 지배질서는 균열을 일으켰다. 즉주대의 봉건제와 혈연적 종법 질서가 해체됨과 동시에 새삼스러운 권력 집중이 다시 이루어졌고, 권력의 재집중은 도시 복합성의 확대로 이어졌다. 그 결과, 기왕에 경대부의 채읍이었던 '도'의 의미도 변할 수밖에 없었다.

춘추전국 시대 각국은 저마다 종묘를 두었다. 물론 각국의 중심 도시는 '도'가 될 수 있었다. 이윽고 등장하는 진한秦漢 통일제국의 성립은 난립하는 도시 등급의 획일화를 위한 전제조건이었다. 황제를 중심으로 한 관료제와 군현제의 성립은 불균등하게 진행되어오던 권력 집중의 획일화를 가져왔기 때문이다. 황제에게 권력이 집중될수록 중심 도시를 정점으로 도시 등급은 재편될 수밖에 없었다. 이 와중에 '도'의 의미가 변하는 것은 필연적이었다. 물론 도시 규모의 확대도 이루어졌지만, 종묘의 변화에 주목할 필요가 있다.

지방의 군국묘를 폐하다

기원전 40년, 전한前漢 원제는 군국묘郡國廟를 폐지했다. 군국묘는 한의 군국에 설치된 한 황실의 종묘, 다시 말해 지방의 종묘였다. 설치 목적은 다음과 같은 원제의 말을 통해 알 수 있다.

> 지난번 천하가 처음 평정되었을 때, 원방遠方이 아직 빈복賓服하지 않았으므로, 일찍이 [황제가] 친히 행차했던 곳에 종묘를 세움으로써, 대체로 위엄을 세우고 [역란의] 싹을 자르는 것이 인민을 하나로 통일시키는 지극한 권도權度이다(《한서漢書》 권73 위현韋賢제43 현성玄成).

- [그림 4] 한漢 장안성長安城 남교南郊 예제건축유지禮制建築遺址 위치도
- • [그림 5] 한 장안성 남교 예제건축유지 3호 건물지 평면도
- • • [그림 6] 한 장안성 남교 예제건축유지 3호 건물지 중심건축물 조감도

1958년부터 1960년에 걸쳐 한 장안성 남쪽 교외에서 예제건축유지가 확인되었다. 왕망王莽대에 조성된 구묘九廟, 즉 종묘로 비정된다. 한 변 1.4킬로미터 정도의 방형方形 담장 안에 한 변 55미터 정도 되는 회回자형 건축물이 모두 12개가 배치되어 있고, 각각의 중심에 이와 같은 아亞자형 건축물이 있다.

* 출처: [그림 4, 5] 梁云陳燕芝劉婷, 〈論周至漢代宗廟形制的轉變〉, 《故宮博物院院刊》251, 2023, 9쪽 재인용; [그림 6] 考古研究所漢城發掘隊, 〈漢長安城南郊禮制建築遺址學發掘簡報〉, 《考古》1960-7, 1960, 40쪽.

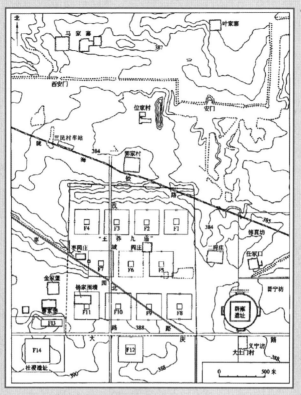

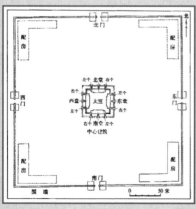

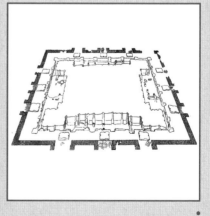

전한 초기 제후 왕들은 '도'에 저마다의 종묘를 가지고 있었다. 한 황실은 지방까지 황제 권력을 안정적으로 관철시키기 위해 제후 왕들의 '도'에 군국묘를 설치했다. 그로부터 약 150여 년 후 그 군국묘의 폐지가 논의된 것이다.

춘추春秋의 뜻에 따르면, 부父는 지서支庶의 집에서 제사 지내지 못하고, 군君은 신복臣僕의 집에서 제사 지내지 못하며, 왕은 하토下土의 제후가 제사 지내지 못합니다(《한서》 권73 위현 제43 현성).

이 기록에 따르면, 하토의 제후가 왕의 제사를 지낼 수 없다는 점이 군국묘 폐지의 근거로 제시되었다. 바꿔 말해, 종묘 제사는 유씨劉氏의 종자宗子인 황제가 친히 제사를 지내야 한다는 종법적 질서에 따른 제사권의 배타성 강조였다. 전한 초 군국묘의 설치가 저마다의 종묘를 통해 각자의 정통성을 가지고 있던 제후 왕들의 권력을 한 황실의 제사체계로 편입시킴으로써 권력의 외연을 확장시킨 것이라면, 전한 말의 군국묘 폐지는 황제 권력의 집중을 위해 권력의 명분을 제공하는 종묘를 독점함으로써 권력의 분산을 차단하는 것이었다.

'도'는 종묘를 독점한 황제의 도시

한 황제가 종묘를 배타적으로 독점함에 따라 종묘를 조건으로 하는 '도' 역시 황제의 도시만을 가리키게 되었다. 도시 등급의 최고 정점에 '도'가 자리하게 된 것이다. 이상의 논증을 따른다면, '도'의 본질은 배타적 제사권을 갖는 정치 권력의 도시를 가리키는 데 있었던 셈이다. 도성에서 종묘는 빠질 수 없는 경관이었다는 말이다. 춘추 시대 이래로 종묘는 신과 교통할 수 있는 일종의 성역이자, 나라의 대사를 집행하기 전에 반드시 거쳐야 하는 권위의 출처였다. 도성이 도성일 수 있는 이유는 종묘의 존재라고 해도 과언이 아니었다.

||| 3 |||
고구려·부여에만 '도'가 있었다

한국 고대 사회도 크게 다르지 않았다. 적어도 당시 중국 지식인들의 눈에는 그랬다. 그리고 그것은 왕이 등장할 수 있는 조건이기도 했다. 그들의 기준에서 종묘를 갖지 못한 곳은 '도'일 수 없었고, 그곳의 최고 지배자라 할지라도 왕일 수 없었다. 《삼국지三國志》에서 포착되는 고구려·부여와 동옥저·예·한韓의 대비가 그 증거이다.

　동옥저東沃沮는 …… 대군왕大君王이 없고, 대대로 읍락邑落에는 각기 장수長帥가 있다(《삼국지》 권30 오환선비동이烏丸鮮卑東夷).

　예濊는 …… 대군장大君長이 없다. …… 단단대령單單大領의 서쪽은 낙랑樂浪에 속하게 하고, [단단대]령의 동쪽 7현은 도위

都尉가 주主했는데, 모두 예가 민民이었다. 후에 도위를 없애고, 그 거수渠帥를 봉하여 후侯로 삼았다. …… 정시正始 6년(245)에 낙랑태수 유무劉茂와 대방태수 궁준弓遵이 영동의 예가 고구려에 속하자 군사를 일으켜 그들을 쳤고, 불내후不耐侯들이 읍을 들어 항복했다. 그 8년(247)에 궐에 나아가 조공하니, 조를 내려 불내예왕不耐濊王으로 고쳐 제수했다. 거처가 민간民間에 섞여 있었다(《삼국지》 권30 오환선비동이).

《삼국지》에 따르면, 동옥저와 예에는 대군왕 혹은 대군장이 없었고, 다만 각 읍락의 장수 혹은 거수들이 있었을 뿐이다. 거수들의 도시에는 종묘가 없었으므로, 읍일 수밖에 없었다. 거수들의 거처는 민간에 섞여 있었다. 이는 민간으로부터 독립한 배타적 공간으로서의 궁실이 없었다는 뜻이다. 그들은 종묘가 없는 읍에서 배타적 공간으로서 궁실을 확보하지 못한 채 민간에 섞여 살고 있었으므로 왕일 수 없었다.

한韓은 …… 각각 장수長帥가 있다. 큰 자는 스스로 이름 하길 신지臣智라 했고, 그다음은 읍차邑借라 했다. …… 국읍國邑에 비록 주수主帥가 있지만, 읍락에 섞여 산다. …… 또 국들은 각각 별읍別邑을 갖는데, 이름 하길 소도蘇塗라 한다. …… [진한에는] 또 작은 별읍들이 있는데, 각각 거수가 있다. 큰 자는 신지라 이름 하고, 그다음으로 험측險側이 있고, 다음으로 번

예樊濊가 있으며, 다음으로 살해殺奚가 있고, 다음으로 읍차가 있다(《삼국지》 권30 오환선비동이).

한의 경우, 동옥저 및 예와는 조금 달랐다. 한 역시 왕은 없었지만, 신지―읍차 혹은 신지―험측―번예―살해―읍차와 같이 거수들의 등급이 구분되어 있었다. 기왕의 거수보다 큰 권력을 가진 상위 거수의 등장이었다. 한편, 지배 권력뿐만 아니라 읍락에도 등급화가 진행되었다. 《삼국지》 한전에 나오는 국읍의 존재는 국읍―읍이라는 읍 간의 등급화를 전제한다. 다만, 비록 일반 거수보다 상위 등급의 거수가 등장했지만 지배자는 여전히 궁실 없이 읍락에 섞여 살고 있었고, 일반 읍보다 상위의 읍으로서 국읍이 등장했지만 종묘가 아직 보이지 않았으므로 도일 수는 없었다.

고구려高句麗는 …… 환도丸都 아래에 도都했다. …… 궁실을 잘 꾸몄다. …… 그 나라에는 왕이 있다. …… 연노부涓奴部는 본래 국주國主였다. 지금은 비록 왕이 되지는 못하지만, 적통대인適通代人은 고추가古鄒加를 칭할 수 있고, 또한 종묘를 세우고 영성靈星·사직社稷에 제사할 수 있다(《삼국지》 권30 오환선비동이).

부여夫餘는 …… 궁실, 창고, 뇌옥이 있다. …… 나라에 군왕君王이 있다(《삼국지》 권30 오환선비동이).

고대 도성, 권력으로 읽다 ──●

반면, 고구려와 부여의 경우는 달랐다. 고구려와 부여의 중심지가 앞서 살펴본 동옥저, 예, 한의 중심지와 경관상 차이를 보이는 것은 두 가지이다. 첫째, 궁실의 유무이다. 고구려와 부여의 왕은 민간에 섞여 살지 않았다. 궁은 특별히 왕이 사는 집을 가리키는데, 궁실의 존재를 통해 왕이 자신만의 거주 공간을 배타적으로 확보했음을 알 수 있다. 읍락에 섞여 살던 동옥저, 예, 한의 거수들과는 확실히 다른 거주 형태였고, 궁실이라는 새로운 공간의 탄생이었다. 둘째, 종묘의 유무이다. 《춘추좌씨전》에 적힌 대로 종묘의 존재는 도의 조건이었는데, 고구려는 종묘를 가짐으로써 그 중심지가 도일 수 있었다. 부여의 경우 종묘가 있었다는 기록은 없지만, 《삼국지》에 인용된 《위략魏略》의 일문에서 부여의 중심지를 도로 표현하고 있으므로 부여의 중심지에도 종묘가 있었으리라 추측할 수 있다. 따라서 부여에는 왕이 있었다.

공동 조상에 대한 의례를 통해 구성원들을 통합시킴과 동시에 제사 주도권을 확보함으로써 집단 내부에서의 우위를 재확인하고, 권력의 시초와의 혈연적 연관성을 부각시킴으로써 현재 권력의 정통성과 정당성을 드러내는 종묘의 존재는 왕의 권력 형태를 상징하는 지표였다. 따라서 고구려 도성의 경관에 종묘가 등장하게 된 것은 중요한 정치적 의미를 가질 수밖에 없다. 종묘의 존재를 통해 고구려와 부여는 도都로 표현될 수 있었기 때문이다.

궁실과 종묘의 유무가 도와 읍을 갈라

요컨대 궁실과 종묘의 유무, 이 두 가지 경관상의 차이는 거수와 왕 간의 질적인 위상 차이를 보여준다. 《삼국지》를 통해 알 수 있듯이, 왕의 등장과 함께 조성된 도성이라는 공간은 궁실과 종묘라는 왕의 권력을 뒷받침하는 배타적 공간을 확보하고 있었다. 즉 양자의 존재가 도성이 도성일 수 있는 경관상 특징이자, 조위 曹魏(위나라) 지식인의 시선으로 구분된 '도'와 '읍'의 차이였던 셈이다. 이로써 동옥저와 예, 한의 거수들은 읍에 살았던 반면, 고구려와 부여의 왕들은 도에 살았던 것으로 묘사될 수 있었다.

02

교차로에 놓인 감옥,
게시된 공권력

||| 1 |||
사회규범과 규제의 탄생

'고기 100년', '고도'는 더 이상 마을이 아니다. 주민 수는 엄청나게 늘어났다. 주민들 가운데 주변 마을의 지도자 출신들이 많았고, 그들은 대부분 직접 농사를 짓지 않는다. 주변 마을에서 생산된 식량이 '고도'의 주민들에게 공급되고, 그들은 식량을 쌓아놓고 먹는다. 이런 자들을 '앉아서 먹는 자'라고 부르는 사람도 있다. 직접 생산과 노동에서 벗어났다는 것은 권력과 부를 가졌다는 뜻이다.

동서고금을 막론하고 부와 권력에 기생하는 자들은 반드시 있게 마련이다. 부잣집에서 허드렛일을 하면서 잘 곳과 먹을 것을 얻는 사람들이 있는가 하면, 그들에게 필요한 물품을 생산 및 조달하면서 그 값을 받는 사람도 있다. 부와 권력을 가진 자들이 해야 할 생산 활동 및 노동을 대신하는 대가로 살아가는 사람들이다. 달리 말하면, 이들이 있어야만 저 권력자들의 삶이 가능하다.

한편, 주는 것 없이 몰래 가져가는 이들도 있다. 권력자들을 만족시킬 만한 재주와 능력이 없는 자들은 훔쳐서라도 먹고 살아야 한다. 가진 자가 많을수록 못 가진 자도 많은 법. 권력자가 많을수록 이런 도시 빈민도 많을 수밖에 없다. 몰래 훔치다가 들키기라도 하면, 상해를 입히고 도망치거나 심지어는 사람을 죽이는 일도 발생한다. '고도'에는 이러한 위험이 항상 존재한다.

C는 '고도'의 빈민이다. 그는 원래 마을 B에 살았다. 그러나 '고도' 연합에게 마을 B 연합이 패한 뒤, C는 부치던 땅을 빼앗겼다. 땅을 잃은 C는 먹고 살기 위해 '고도'로 왔다. 처음에는 마을 B에서부터 알고 지내던 사람의 소개로 부잣집 허드렛일을 했지만, 눈치가 없고 손재주가 없다는 이유로 쫓겨났다. 배는 고픈데 마땅히 할 일이 없으니 이집 저집 다니며 구걸하는 수밖에 없었다. '고도'의 주민들은 한동안 C를 불쌍히 여겨 기꺼이 먹을 것을 주었지만, C 같은 빈민이 점점 늘어나자 감당하기 어려웠는지 그들을 문전박대하기 시작했다. 배를 주리던 C는 궁지에 몰렸고, 남은 방법은 하나였다.

어느 날 밤, 그는 자기를 쫓아낸 부잣집에 몰래 들어가 쌀을 훔쳤다. 익숙한 집이어서 손쉬울 줄 알았지만, 금세 덜미를 잡혔다. 밤에 볼일을 보러 나오던 집주인에게 걸린 것이다. 놀란 C는 당황한 나머지 몸싸움 끝에 집주인을 밀치고 도망갔다. 그러나 불행히도 C는 멀리 도망가지 못하고 집주인 아들에게 잡혔고, 운이 없게도 집주인은 넘어지다가 머리를 잘못 부딪쳐 죽고 말았다.

'고도'의 주민들은 왕에게 호소한다. 남의 것을 훔친 C의 행위는 정당하지 않다고. 상해를 입히고, 살인을 저지른 C를 엄히 처벌하라고. 상해와 살인의 원인은 결핍이지만 결핍은 외면당한다. C의 행동은 오로지 결과만으로 평가받는다. 다 소비하지 못하고 남는 것을 C에게 나눠줄 수도 있었을 텐데, '고도'의 주민들은 그러지 않았다. C의 게으름과 의지박약 그리고 타고난 폭력성을 나무란다. 주민들 사이에는 권력자들의 입김이 강하게 스며들어 있었고, 왕도 곧 권력자였다. 어느 사회나 규범과 규제는 사회의 질서 유지라는 명목으로 존재했지만, 실상은 부와 권력 유지가 목적이다.

부와 권력 유지를 위한 강제력

왕의 권력은 설화나 상징만으로 행사되지 않는다. 무력을 바탕으로 하는 강제력이 필요하다. '고도'에는 이미 몇 가지 규정이 전해오고 있었다. 남의 재산을 훔치면 몇 배로 갚아야 했고, 살인을 저지르면 죽음으로 감당해야 했다. 여기에 몇 가지 규정이 추가된다. 처벌 대상은 다양해지고, 항목은 세밀해진다. 처벌 방법도 바뀔 수밖에 없다. 주민들이 불안을 느끼면 안 된다는 명목하에, 남의 것을 훔치고 상해를 입힌 C는 위험인물로 간주되어 격리된다. 구금시설이다.

구금시설은 '고도'에서 주민 통행량이 가장 많은 교차로에 설치된다. 교육 효과를 노린 왕의 의도에 따라서이다. '고도'의 주민들은 그 교차로를 지나면서 항상 구금시설을 보고, 그 안에 물리적으로 격리되어 신체의 자유를 박탈당한 죄인 C를 떠올린다. 그리고 그 죄인이 저지른 일을 하면 안 되겠다고 다짐한다. 자식들에게도 당부한다. 나쁜 짓을 한 사람은 저렇게 무서운 곳에 잡혀간다고. 물론, 그 나쁜 짓이란 사회질서를 해치는 행위이다.

구금시설이 운영되기 위해서는 돈이 필요하다. 우선 쉽게 탈출할 수 없는 건물을 지어야 하고, 그들을 감시할 사람이 필요하다. 또 죄인들을 그대로 방치할 수 없으니 먹을 것도 주어야 한다. 왕은 자신의 재산으로 이 구금시설을 운영할 생각이 없다. '고도' 최초의 공·사 구분이다. 왕은 '고도'의 주민 모두의 안전을 위한 시설이라는 이유로 주민들에게 조금씩 돈을 걷어서 운영기금을 구하려고 한다. 공적 세금이다.

형벌과 공권력, 세금과 공무원

왕이 직접 돈을 걷으러 다닐 수는 없는 노릇이니, 대신할 사람이 필요하다. 공무원이다. 그들이 거둔 돈으로 구금시설이 운영된다. 건물도 짓고, 경비할 사람도 쓰고, 죄인들을 먹일 것도 마련된다. 그러나 구금시설만 있다고 그것이 원활하게 운영되는 것은 아니다. 개인의 신체를 속박하기 위해서는 월등한 물리력에 바탕을 둔 강제력이 있어야 한다. 왕의 명령에 순순히 따르지 않을 시 발휘될 강제력, 즉 공권력이다. 공권력을 행사할 사람과 그들에게 지급될 보수도 필요하다. 더 많은 세금이 필요하다.

'고도'에서는 대부분 곡식이 돈으로 쓰이니, 공무로 사용될 곡식을 모아두는 큰 창고가 필요하다. 국가 재정 창고이다. 일반 가정집의 창고와는 비교도 안 될 정도로 규모가 크다. 이곳의 경비는 더 삼엄해야 한다. 더 많은 인력과 경비가 필요하다. 따라서 '고도'에는 더 많은 세금을 낼 주민이 필요하고, '고도'의 왕은 전쟁을 통해 주민 수를 늘려간다. 늘어나는 주민 수만큼 공무원 수도 늘어나는 확대/재생산이 반복된다. 그렇게 '고도'는 자꾸 커진다. 자꾸 커지는 도시를 효율적으로 통제하기 위해서는 더 큰 공권력이 필요하다. '고도'에서 가장 번잡스러운 교차로에 우뚝 서 있는 구금시설은 '고도'의 공권력을 가시화하며, 주민들을 교육한다. 사회질서를 무너뜨리면 이곳에 갇히게 된다고. 그러나 빈민들의 결핍은 해소되지 않으면서 부자들의 이익만 날로 커지는 '고도'에서 제2, 제3의 C는 끊임없이 나온다.

||| 2 |||
권력의 상징, 뇌옥과 대창고

일반적으로 고대 사회에서 범죄로 간주되는 것은 씨족 존립의 토대로서 중시되는 신神에 반하는 행위, 즉 범해서는 안 될 금기를 침해하는 행위에 관한 것이었다. 공동체에게 해가 되는 행위는 신의 질서에 가해진 오예汚穢 혹은 신에 대한 모독으로 간주되었고, 형벌은 그 오예와 모독을 깨끗이 제거하는 이른바 불제祓除나 수발修祓의 의미를 지니고 있었다. 형벌의 주된 대상은 대체로 살인을 하거나, 사람에게 상해를 입히거나, 남의 물건을 훔치는 사람이었고, 형벌의 내용은 살인은 죽음으로, 상해나 절도는 곡식이나 몰입沒入(죄인의 재산을 몰수하고 그의 가족을 관청의 종으로 삼으려고 잡아들임)을 통한 인간 노동력으로 배상해야 한다는 것이었다. 그 외에 상해나 절도에 대한 노동력 배상은 몰입이 아닌 노역형으로 부과되기도 했다.

한편, 구금시설로서 뇌옥의 출현은 형벌 집행의 질적인 변화를 보여준다. 물리적 격리에 따른 인신의 구속은 기존의 신체형보다 권력이 개인을 훨씬 효율적으로 통제할 수 있기 때문이다. 또한 뇌옥과 같은 구금시설은 건설과 유지 및 운영에 인력과 비용이 뒤따르므로, 형벌 집행 권력의 정치적·경제적 지위가 강화·안정되어야 하고 형벌의 분화가 이루어져야 할 뿐만 아니라 그를 뒷받침할 재정이 필요할 수밖에 없다. 씨족사회와 구분되는 국가의 중요한 특징 중 하나가 공권력의 확립이라는 프리드리히 엥겔스의 지적을 존중한다면, 대창고와 뇌옥의 함의는 더욱 두드러진다. 국가의 중요한 특징으로서 공권력은 군대와 같은 무장한 사람들로만 이루어진 것이 아니라 감옥과 같은 강제시설로 구성되며, 이러한 공권력을 유지하기 위해서는 조세 수취와 함께 반드시 국가 재정이 필요하기 때문이다.

뇌옥의 출현은 신장된 권력의 존재를 알림과 동시에 국가 재정용 창고, 이른바 대창고의 출현을 동반한다. 뇌옥과 대창고는 각각 사회질서를 위한 규제, 즉 공권력과 그것을 유지하기 위한 국가 재정의 상징인 셈이다. 대창고와 뇌옥은 이른바 국가 권력이 만들어낸 도성의 경관이다.

부여는 …… 궁실, 창고, 뇌옥이 있다(《삼국지》 권30 오환선비동이).

고구려는 …… 대창고가 없고, 집집마다 각자 작은 창고를 가

졌는데, 그것을 이름하길 부경桴京이라고 했다. …… 뇌옥이

없다(《삼국지》 권30 오환선비동이).

《삼국지》에 따르면, 부여에는 창고와 뇌옥이 존재했다. 반면, 고구려의 경우에는 같은 도일지라도 대창고와 뇌옥이 없었다고 전한다. 고구려는 대창고와 뇌옥이 없었음에도 도였으므로, 대창 고와 뇌옥이 도성 경관의 필요조건은 아니었다. 주목할 것은 조 위 지식인의 시선에서 궁실과 종묘만큼이나 창고와 뇌옥의 존재 가 특기할 만큼 중요했다는 점이다. 잉여 생산물의 보관처로서 창고는 이미 신석기 시기부터 존재했지만, 중원 지식인들이 그 유무를 기록해야 했던 이유는 부여의 창고가 그러한 일반 창고와 는 달랐기 때문이었다.

대창고는 거두어들인 조부租賦를 보관했던 창고, 즉 국가 재정 창고였다. 기왕의 창고가 신성지에 설치되어 종교적 제의에 수반 된 재분배 기능을 수행했다면, 국가 재정용 창고는 세속적 수장 의 경제적 기반으로서 그의 권위를 상징하는 대창고였다. 다시 말해 대창고의 존재는 공권력을 뒷받침할 국가 재정의 출현을 알 림과 동시에, 창고의 재분배 기능을 통제한 결과로서 귀족에 대 한 왕의 상대적 권력 신장을 암시한다.

[부여는] 이때(국중대회國中大會)에, 형옥刑獄을 단斷하고 수도囚 徒를 풀어준다. …… 용형用刑이 엄嚴하고 급急하다. 사람을

죽인 자는 죽이고, 그 가인家人들을 몰沒하여 노비로 삼는다. 절도竊盜는 12배로 배상한다. 남녀가 음란하거나 부인이 투기하면 모두 죽인다. 투기하는 것을 더욱 미워하여 이미 죽인 후 그 시신을 국남國南 산 위에 썩을 때까지 둔다. 여자 집에서 이 시신을 얻고자 할 때는 소와 말을 바쳐야 내어준다(《삼국지》 권30 오환선비동이).

[고구려는] 뇌옥이 없고, 죄가 있으면 제가諸加들이 평의評議하여 바로 죽이고 그 처자를 몰입沒入하여 노비로 삼는다(《삼국지》 권30 오환선비동이).

뇌옥의 의미는 위의 기록들을 통해 확인할 수 있다. 기록에 따르면, 부여에는 강제 구금시설로서 뇌옥이 존재함과 동시에, 살인죄와 절도죄, 음란죄와 투기죄에 관한 구체적인 형벌 조항도 있었다. 반면, 고구려에는 뇌옥이 없을 뿐만 아니라, 상시적인 형벌 조항조차 보이지 않는다. 양자의 차이에 따라 부여가 고구려보다 사회 규제가 한층 강했다고 이해하거나, 고구려의 귀족평의적 전통이 부여에는 보이지 않은 점까지 고려하여 고구려보다 부여의 왕이 체계적이고 독점적인 법적 권력을 누렸다고 해석하기도 한다. 물론 고구려와 부여의 권력 집중도를 비교하기 위해서는《삼국지》의 사료 성립 과정이나 고구려, 부여에 대한 찬자撰者의 서술 태도까지 고려되어야 한다. 하지만 뇌옥이라는 공간의 유무를 기준으로 하는 사법권의 성숙도를 평가하고 단계화하는 것은 가능하다. 뇌옥의 존재는 보다 강력한 인신에 대한 구속과 강제력을 상징하기 때문이다.

고구려, 사면과 진휼을 행하다

고구려에서는 이미 유리왕 대부터 사면赦免이 이루어지고 있었을 뿐만 아니라 진휼賑恤도 실시되었다는 점을 주목할 필요가 있다. 《삼국사기三國史記》에 따르면, 유리왕 대(기원전 19~기원후 18년) 이래로 동천왕 즉위(227년) 전까지 총 6회의 사면 기사가 등장하고, 민중왕 대(44~48년)부터 동천왕 즉위(227년) 전까지 창고를 열어 진휼하는 기사가 총 2회 등장한다. 특히 주목할 것은 진휼의 자금처이다. 만약 이때의 진휼이 국가 재정이 아닌 왕실 재정에 의한 것이었다면, 위의 진휼 기사는 공권력 출현의 지표일 수 없기 때문이다. 아래의 기사는 왕실 창고가 아닌, 국가 재정용 창고가 당시에 이미 존재했음을 암시한다.

[고국천왕] 16년(194년) …… 겨울 10월에 …… 유사有司에게 명하여, 매년 봄 3월부터 가을 7월까지 관곡官穀을 내어 백성들의 가구家口 다소多少에 따라 차등 있게 진대賑貸하고, 겨울 10월에 돌려받는 것을 항식恒式으로 삼게 했다《삼국사기》 권16

고구려본기4).

이 기록은 고국천왕 16년(194) 진대법賑貸法 실시와 관련된 기
사이다. 여기서 등장하는 관곡官穀이라는 표현은 왕실 재정이 아
닌 국가 재정으로서 관곡이 저장되어 있는 창고의 존재를 짐작케
한다. 또 위의 기록을 통해 가구의 다소에 따른 차등을 파악하기
위한 행정력과 10월 상환을 담보하는 사법권까지 유추할 수 있
다. 즉 관부 및 공권력의 존재가 드러난 셈이다. 진대법의 실시는
창고를 동반한 국가 재정과 뇌옥을 바탕으로 하는 사법권을 전제
하지 않고는 성립할 수 없다. 이때의 창고는 집집마다 가지고 있
는 부경과는 다른, 관곡을 보관할 수 있는 대창고일 수밖에 없다.
비록 앞선 기록에서는 3세기 중반까지도 고구려에 뇌옥과 국가
재정용 창고가 없었다고 묘사되었지만, 《삼국사기》에 나오는 유
리왕 대 이래의 사면 기사와 진휼 기사 그리고 위의 기록을 통해
늦어도 2세기 말에는 뇌옥과 국가 재정용 창고를 갖추었다고 유
추할 수 있다.

동옥저는 …… 나라가 작아 대국 사이에서 핍박받다가, 마침
내 고구려에게 신속臣屬했다. 고구려는 …… 또 대가大加로 하
여금 그 조세와 맥포貊布, 어魚, 염鹽, 해중식물海中食物을 통책
統責하게 하니, 천리를 짊어지고 바쳤다. 또 [동옥저가] 미녀
를 보내면 비첩婢妾으로 삼고, 노복奴僕과 같이 대우했다(《삼국

고대 도성, 권력으로 읽다 ──●

지》권30 오환선비동이).

이 기록은 동옥저가 고구려에 신속한 뒤 고구려가 동옥저를 지배한 방식을 설명하는 내용이다. 그중에서 눈에 띄는 것은 동옥저로부터 고구려 도성까지 천 리를 짊어지고 왔을 조세와 맥포, 소금과 해초류이다. 이를 통해 대가大加가 동옥저로부터 거둬들인 조세 등을 보관했을 도성 내 창고의 존재를 어렵지 않게 짐작할 수 있다. 이와 같은 수취와 분배가 도성 내 대창고 없이 이루어진다는 것은 쉽게 상상하기 어렵다. 뿐만 아니라 대창고를 지키기 위한 경비체계 및 도성 주민들에게 분배하기 위한 행정력까지도 추측할 수 있다. 곧, 관부와 공권력의 존재이다. 이를 통해서도 고구려에 이미 3세기 혹은 그 이전부터 대창고로 상징되는 국가 재정과 그 용처用處로서 관부 및 공권력이 존재했음을 알 수 있다.

비록 《삼국지》에서는 3세기 중반까지도 고구려에 대창고와 뇌옥이 없었다고 묘사되었지만, 《삼국사기》에 따르면 늦어도 2세기 말에는 국가 재정 및 공권력의 확립과 함께 창고와 뇌옥을 갖추었다고 볼 수 있고, 《삼국지》의 동옥저 기록을 통해서도 이미 3세기 이전에 존재했던 고구려의 국가 재정용 창고와 뇌옥의 존재를 짐작할 수 있다. 강조하고 싶은 점은 권력에 의한 경관의 변천이다. 관부 및 공권력의 확립이라는 권력 형태의 변화는 창고와 뇌옥이라는 공간을 창출함으로써 도성 경관의 변화를 가져왔다.

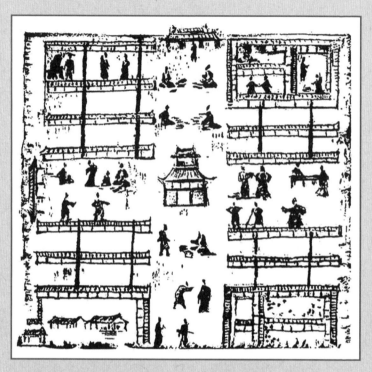

[그림 7] 중국 사천성四川省 신번현新繁縣 출토 한대漢代 시정市井 화상석
고대 중국의 시市 역시 가로街路가 직각으로 구획된 인위적 공간이었고,
청말淸末까지 사형 등 형벌의 집행 장소였다.

* 출처: 李晟遠, 〈고대 중국의 '市井'과 그 空間〉,
  《中國學報》58, 2008, 186쪽 재인용

뇌옥은 사통팔달 대로에 있었다

끝으로, 뇌옥과 창고가 도성 안에 있었을 것이라는 사실은 어렵지 않게 추정할 수 있지만, 구체적인 위치를 전하는 자료는 없다. 단, 비록 후대의 사례이지만, 고려 시대의 가구소街衢所를 참고할 필요가 있다. 가구소는 죄인을 가두는 구금시설이다. 가구街衢는 그 소재지를 가리키는데, 특히 구衢는 사통팔달의 대로로서 대로와 대로의 교차점을 의미한다. 따라서 고려의 구금시설 중 하나인 가구소는 격자형으로 가로가 구획된 시가의 교차로에 위치한다고 해석할 수 있다. 전국 시대 이래로 중국 고대 사회에서는 시市가 형벌 집행의 장소였고, 사람이 많이 모이는 곳에서 국가 권력이 죄인을 본보기 삼아 징계함으로써 효율적 치안 유지를 노렸다는 점을 감안하면, 구금시설이 교차로에 설치된 이유도 짐작할 만하다.

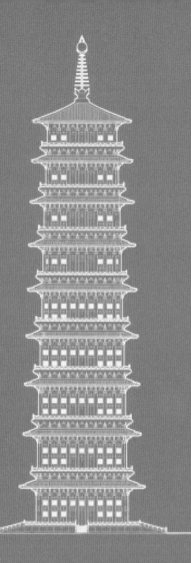

03

우러르게 되는 고층 불탑,
부처가 된 왕

||| 1 |||
절대적 권력의 장치, 율령과 불교

D는 여행자이자 승려이다. 그는 불법佛法을 전하기 위해 여러 도시를 여행한다. 그의 이번 행선지는 '고도'이다. '고도'에도 이미 불교가 전래되었다는 소식은 전해 들었다. '고도'의 왕은 불교 수용에 적극적이며, 스스로 부처 흉내를 낸다는 소문도 들린다. '고기 300년'의 '고도'는 불교가 융성한 주변 나라로부터 불경과 불상 등을 많이 사들이는 중이다. D가 '고도'에 가는 이유도 그 때문이다. 승려가 '고도'에 가면 꽤나 융숭한 대접을 받는다는 소문도 있다. 더구나 D는 '고도' 왕의 초대를 받았다.

'고도'의 왕은 더 큰 권력을 원한다. 배타적인 권력의 공간으로서 궁실과 종묘를 독점하고 있지만, 이것만으론 모자라다. 그간 세대가 세대를 이었고, 그에 따라 '고도'의 고귀한 핏줄도 조금씩 늘어났다. 게다가 '고도'는 수많은 전쟁을 치러왔고, '고도'

에 유입된 인물들 가운데는 다른 도시의 왕족 출신도 많다. 그들은 각자의 도시에서 저마다의 궁실과 종묘를 짓고 살던 자들이다. 비록 지금은 '고도'에 와서 살고 있지만, 왕이었던 자들인 만큼 왕의 자리를 언제 노릴지 모르는 일이다. '고도'에는 고귀한 핏줄이 넘친다. 무엇보다도, '고도'의 중대사는 여전히 귀족들의 회의에서 결정된다. 물론 최종결정권은 왕이 갖고 있지만, 왕 독단으로 결정할 수 있는 사안은 많지 않다. '고도'의 왕은 왕 중의 왕이 되고 싶다.

마침 옆 나라에 다녀온 사신이 말한다. 그 나라는 왕의 권력이 귀족들을 압도한다고 말이다. '고도'의 왕은 궁금하다. 그 힘은 어디서 왔을까. 왕은 믿을 만한 사신에게 은밀하게 그 방법을 알아보라는 하명을 내린다. 사신은 기어코 사명을 완수한다. 그는 옆 나라의 중요한 특징이 율령과 불교라는 사실을 간파한다. 경쟁자를 낮추고 스스로를 높이는 수. 그것은 모든 귀족을 율령이라는 법질서 속에 귀속시키면서 왕은 그 질서 바깥에 군림하는 것 그리고 모든 귀족을 불교 신자로 만든 뒤 왕 스스로 부처가 되는 것이다. 이 방법이라면 현실 세계와 이념 세계, 두 세계에서 왕은 공히 초월적인 존재로 거듭날 수 있다. 불교를 정착시키려면 승려가 필요하다. D가 '고도'로 향하게 된 배경이었다.

고층 불탑과 벽화로 사원 장식

D가 '고도'에 거의 다다랐을 무렵, 저 멀리 크고 웅장한 무덤이 보인다. 안내자에 따르면, '고도'의 옛 왕들의 무덤이라고 한다. 또 여기서부터 '고도'라는 설명이다. D는 거대한 무덤들을 지나 '고도'의 중심으로 들어선다. 조금씩 기와집들이 보이기 시작한다. 번잡한 교차로에서는 구금시설로 보이는 건물도 지난다. 얼마 안 가 안내자가 한 곳을 가리키며 '고도'에 처음 세워진 불교사원이라고 소개한다. D가 있던 도시의 불교사원과 비교하면 영볼품없다. D는 눈치를 챈다. '고도' 왕이 자기를 부른 목적이 불교사원의 재건축을 위해서라는 것을. D는 승려이면서 불교 건축의 전문가이기도 하다. D는 불교 건축의 최신 트렌드 두 가지를 떠올린다. 고층 불탑과 벽화미술이다. 왕이 건축을 주도하는 곳에서는 고층 불탑을 선호하고, 귀족들이 사적으로 사원을 짓는 곳에서는 벽화미술이 유행한다. D는 이미 머릿속으로 견적을 내고 있다.

큰길을 따라 조금 더 가자, 길 저 끝에 궁실의 출입구인 듯한 큰 문이 보인다. 바로 그때, 길옆에 젊은이들이 쏟아져 나오는 큰 건물이 보인다. 입은 옷으로 보아 귀족 자제들이 틀림없다. 이 건물은 보나 마나 태학이다. D의 일행 가운데 율학박사도 있으니, '고도'에 태학이 있을 거라고 짐작하긴 했다. 율학박사는 태학의 교수 자리를 제안받았다고 한다. 태학에 다니는 학생들은 귀족의 자제로서 율령을 매개로 하는 관료체제의 일원으로 길러질 것이다. 걸어서 돌아가는 학생들도 많은 것을 보니, 귀족들의 집도 근방에 많은 모양이다.

D는 '고도'의 왕을 만나 불교사원 재건축 사업 참여를 제안받는다. 재건축의 골자는 두 가지이다. 우선 하나는 고층 불탑의 조영이다. 왕은 불교사원의 고층 불탑을 '고도'의 마루지로 만들려고 한다. 다른 하나는 불국토의 연출이다. 기와집들이 많아지는 구역을 경계로 사방에 불교사원을 추가 건설하여, 그 안쪽의 '고도' 중심 구역을 불국토로 연출하려는 계획이다. 고층 불탑의 화려한 스카이라인은 불국토 연출의 핵심이다. 왕의 명령이니 따를 수밖에 없기도 하거니와, D는 이런 대규모 사업 경험이 많다. 그는 흔쾌히 수락한다.

'고도'의 주민들은 대부분 불교 신자가 되었고, 왕은 부처를 자처한다. 부처가 사는 곳이 불국토가 아니겠나. 이제 '고도'는 불국토이다. 여행자들이 '고도'로 들어갈 때면, 저 멀리서 고층 불탑을 눈에 담고 밀집해 있는 불교사원들 사이를 지나친다. 과연 '고도'의 주민 가운데 감히 부처인 왕의 권위와 권력을 넘보는 자가 생길 수 있을까.

||| 2 |||
도성의 마루지, 태학과 불교사원

삼국의 발전은 통치 영역과 지배체제의 두 방향으로 진행되었다. 전자에 따라 삼국이 정립하는 형세를 이룸으로써 삼국 간 주도권을 장악하기 위한 각축전이 전개되었다면, 이처럼 변화한 상황 속에서 생존하기 위해서는 후자가 필수적이었다. 기존 제가諸加들이 평의하는 귀족평의체제의 한계를 극복하고 국가 운영의 효율성을 제고할 필요가 있었기 때문이다. 이는 귀족들에 대해 배타적인 권력을 잡게 된 이른바 대왕이 군국정사를 전제專制하는 정치체제로의 전환이었다. 그 지향은 기왕의 소국적 질서를 극복할 새로운 통치 규범과 이념인 율령과 불교의 수용으로 나타났다. 이데올로기의 교체였다.

　이와 같은 권력 관계의 변화와 지배체제의 전환은 필연적으로 도성의 경관에도 반영되었다. 예컨대 고구려의 경우 4세기에 이르면 도성에 새로운 경관이 등장한다. 바로 태학과 불교사원이다. 태학이 권력의 지배윤리로서 유학을 교육하는 기관이었다면, 불교사원은 배타적 권력의 통치이념으로서 불교를 상징하는 공간이었다. 공교롭게 양자가 소수림왕 2년(372)이라는 동일한 시점에 수용되었다는 사실은 수용 주체로서의 고구려 지배 권력이 태학과 불교사원으로 상징되는 유학과 불교를 동시에 받아들임으로써 얻으려고 했던 효과를 짐작케 한다.

귀족의 관료화를 노린 태학 설립

고구려는 372년에 전진前秦으로부터 승려와 함께 불상과 경문을 받아들임과 동시에 태학을 세워 자제들을 교육시켰다. 같은 해에 불교와 유학을 동시에 받아들인 셈이다. 이는 한층 더 배타적이 된 왕권, 즉 이른바 대왕의 출현과 관련이 있을 수 있다. 먼저 태학의 설치는 왕권의 유교적 합리화와 유학 교육을 통한 인재 양성 및 관료 선발이라는 보다 객관적인 정치 기준을 설정하기 위한 제도적 장치였다. 이는 이듬해 이어진 율령 반포와 무관하지 않았다. 율령 반포를 통해 율령을 매개로 한 관료체제의 시발始發을 상정할 수 있다면, 그 관료체제를 운영할 인재군의 양성이야말로 태학 설립의 목적일 수 있기 때문이다. 즉 태학의 설립과 곧 이은 율령의 반포는 귀족의 관료화에 따른 왕권의 배타화로 해석된다.

한편 불교의 경우, 고구려에 언제 전래되었는지에 대해서는 이견이 있지만, 지배 권력이 공인한 것은 바로 이때였다. 그리고 이것은 기왕의 분절적 토착 신앙을 극복하고 고등종교를 수용함으로써 통치이념을 일원화하려는 지배 권력의 기획일 수 있었다. 결국 태학과 불교사원의 등장은 현실과 이념 두 측면으로 왕권의 배타화를 상징했다.

궁성과 가까웠을 전연前燕의 동상東庠

태학과 불교사원이 한층 더 배타화된 권력을 잡은 대왕의 등장을 보여주는 지표라면, 그 자리는 도성 공간에 마련됨으로써 경관의 일부를 차지했을 개연성이 크다. 다만, 자료의 한계로 그 구체적인 모습을 상상하기는 어려우므로, 고구려가 참고했을 전진의 사례를 검토할 필요가 있다. 우선 태학이다. 고구려가 태학을 설립한 것은 372년이고, 고구려가 전진과 본격적으로 교류하기 시작한 시점은 370년이다. 2년 만에 전진의 태학 제도를 처음부터 끝까지 받아들였다고 보기에는 무리가 있다. 따라서 고구려가 이미 전진과 교류하기 전부터 태학에 대한 이해가 있었을 것이라 추정하는 편이 타당하다. 동시에 고구려가 전진에 앞서 전연과 맺은 관계를 고려할 필요가 있다. 양자의 관계에서 중요한 매개자로서 342년 고구려에서 전연으로 끌려간 5만여 명의 포로와 355년에 바쳐진 인질이 주목된다. 그들의 일부가 질자質子가 되어 전연에서 관직을 얻고 도성과 왕궁의 숙위를 담당하기도 했기 때문이다. 게다가 그들이 전연의 도성에 머물며 전연의 유학 교육기관이었던 동상東庠에서 수학했을 가능성이 제기되기도 했다. 상庠은 주대周代의 학교 명칭이자 태학의 별칭으로 사용되었으므로, 전연의 멸망 후 고구려로 귀환한 그들이 고구려 태학의 설립에 끼쳤을 영향을 상상하기는 어렵지 않다.

[모용慕容]외廆가 아들 [모용]황皝을 세워 세자로 삼았다. 동횡東橫(횡橫은 횡黌과 같다. 학사學舍이다. 재기載記에서는 동상東庠이라고 쓴다)을 짓고 평원平原의 유찬劉讚을 좨주로 삼았다. [모용]황으로 하여금 제생諸生과 함께 수업 받도록 하고, [모용]외는 여가를 얻으면 또한 친히 임하여 청강했다(《자치통감資治通鑑》 권91 진기晉紀13).

이 기록을 통해 전연 동상의 경관을 상상할 수 있다. 기록에 따르면, 전연의 동상은 세자의 교육까지 담당했는데, 세자도 제생諸生들과 함께 수업을 들었으므로 동상의 위치는 궁성 안일 수 없다. 관료도 아닌 동상의 학생들이 궁성을 자유롭게 드나들 수는 없기 때문이다. 단, 세자가 통학할 수 있는 거리, 황제가 여가를 얻으면 가볼 수 있는 거리 정도로 궁성에서 그리 멀지 않았을 가능성이 크다. 앞서 제기한 대로 고구려의 태학 설립에 전연의 동상에서 수학하고 귀환한 고구려의 질자들이 관여한 것이라면, 고구려 태학의 경관까지 유추할 수 있다.

한편, 태학과 함께 전진의 불교를 받아들인 후 3년이 지난 375년에 고구려는 곧바로 초문사肖門寺와 이불란사伊弗蘭寺라는 2개의 불교사원을 창건한다. 초문사와 아불란사는 민간에 의한 설립이 아니라 지배 권력에 의한 창건이었다. 고구려는 약 400여 년의 집안集安 생활을 뒤로하고 평양으로 천도하면서 이러한 작업을 본격화했다.

427년 장수왕 대에 사회경제적으로는 반농반렵 사회에서 농업사회로의 전환을 통해 보다 높은 농업생산력을 확보할 필요가 있었고, 정치적으로는 귀족평의적 전통 속에서 집안 지역에 세력 기반을 두고 있는 기왕의 귀족세력을 대체함과 동시에, 고구려 지배 권력이 추구하는 대왕전제체제를 뒷받침할 수 있는 관료와 관료 후보군이 필요했다. 바로 이것이 평양 천도의 배경이었다. 평양 천도는 구체제 극복과 신체제 지향을 위한 수단이었던 것이다.

고구려 지배 권력이 추구했던 새로운 체제로서의 대왕전제체제는 대왕의 상대적 격상과 귀족의 관료화를 조건으로 했다. 만약 평양 천도가 대왕전제체제로의 효율적 전환을 위한 수단이었다면, 전기 평양 도성의 경관에는 그러한 권력의 의도가 담겨 있었을 것이다. 그리고 그 의도는 집안 지역 도성 경관과의 차이를 통해 표출되었을 것이다. 바꿔 말해서, 양자의 차이를 포착함으로써 5세기 당시 고구려 지배 권력의 속성에 밀착할 수 있다.

집안 지역 도성과 전기 평양의 경관에서 두드러진 차이는 두 가지이다. 첫 번째는 왕릉급 고분의 후퇴이다. 집안 지역의 왕릉급 고분은 도성 경관에서 빠질 수 없는 마루지였다. 4~5세기 왕릉으로 비정되는 고분들은 정형화된 초대형 계단식 적석총으로, 적어도 한 변이 100미터 이상인 능원 안에 부속시설들과 함께 조영되었으며, 분구의 한 변은 30~70미터 내외이고, 가공한 석재를 쌓아 계단식으로 만든 거대한 건축물이었다. 이러한 왕릉급 고분이 집안 지역에만 현재 10여 개소가 남아 있다. 이 중 가장 서쪽 끝의 서대총은 집안 평지성의 서문에서 직선으로 약 4.75킬로미터, 가장 동쪽 끝의 장군총은 집안 평지성의 동문에서 직선으로 약 5.33킬로미터 떨어진 곳에 있다. 즉 집안 평지성을 중심으로 반경 5킬로미터 내에 왕릉급 고분들이 밀집해 있었다. 집안 평지성은 왕릉급 고분에 둘러싸여 있었던 것이다.

당시의 사신단 혹은 여행자들은 고구려 도성으로 가기 위해 반드시 피라미드 모양의 초대형 계단식 적석총을 지나야 했다. 그들을 맞이하는 고구려 도성의 첫인상은 멀리서부터 위엄 있게 압도해 오는 초대형 계단식 적석총들이었다. 이러한 도성 경관은 조영 주체로서 권력의 웅장함, 거대함을 드러내기 위한 장치일 수도 있다.

● [그림 8] 천추총 ●● [그림 9] 태왕릉 ●●● [그림 10] 장군총
* 출처: 권순홍.

왕릉급 고분과 거리를 둔 평양

반면, 전기 평양 도성은 달랐다. 평양 지역에서 왕릉으로 비정되는 고분은 아홉 개 정도인데, 구체적인 비정은 차치하고, 주목할 것은 그 위치이다. 두 군데를 제외하고 모두 전기 평양 도성의 평지 거점에서 20킬로미터 이상 떨어진 곳에 자리하고 있다. 그나마 가까운 토포리 대총과 호남리 사신총조차도 직선거리로 각각 약 6킬로미터, 9킬로미터 떨어져 있다. 왕릉급 고분들이 반경 5킬로미터 내에 밀집해 있던 집안의 도성 경관과는 확연히 달랐다.

평양에서는 거대한 고분들이 도성의 중심으로부터 멀어짐으로써 시야에서 사라졌다. 바꿔 말하면, 이는 집안 지역과 달리 전기 평양의 경우 도성 경관에서 눈길을 사로잡는 초대형 고분들의 상징적 기능이 필요 없게 되었다는 뜻이기도 하다. 집안 지역에서는 권력이 도성 경관에 압도적인 초대형 계단식 적석총을 포함시킴으로써 권력의 거대함을 드러냈다면, 평양 천도 이후의 권력은 그것을 대신할 새로운 경관을 통해 권력의 위엄을 드러낼 수 있었기 때문은 아닐까.

두 번째 차이는 불교사원의 도성 내 밀집이다. 고구려의 불교 수용이 대왕의 전제화를 이념적으로 뒷받침했다면, 불교사원 역시 대왕을 정점으로 한 지배질서를 상징하는 공간이었다. 이미 집안 평지성에도 초문사와 이불란사 등 불교사원이 있었지만, 공간이 협소했으므로 그 수가 많을 수는 없었다. 반면, 전기 평양 도성의 불교사원 수와 관련해서는 다음 기록을 주목할 필요가 있다.

> [광개토왕] 2년(392) 가을 8월, 백제가 남변南邊을 침입했다. 장군에게 명하여 그를 막았다. 평양에 아홉 개의 절을 창건했다(《삼국사기》 권18 고구려본기6).

광개토왕 대 평양 지역에 아홉 개의 불교사원을 창건한 사실을 전하는 기록이다. 이 기록은 《삼국사기》의 광개토왕 18년 7월조에 보이는 "국동國東에 독산 등 여섯 성을 쌓고 평양 민호民戶를 옮겼다"는 기사 등과 함께 대체로 광개토왕 대에 이루어진 평양 지역에 대한 적극적인 지배 정책의 일환으로 해석되어왔다. 이와 같은 평양 경영의 적극화는 훗날 있을 평양 천도와 무관할 수 없었다. 평양 천도를 위한 정지 사업이었던 셈이다. 특히 아홉 개나 되는 불교사원의 창건은 기왕의 집안 지역 도성에서는 할 수 없었던 새로운 도성 조영 계획이었다. 이때 세워진 아홉 개 사원의 구체적인 위치를 알 수 있는 단서는 현재 없다. 하지만 비슷한 시기 중국 남북조의 사례는 참고할 만하다.

낙양洛陽과 건강建康은 남북조 시기 대표적인 도성이자 도시였다. 비록 전기 평양보다 조영 시기가 조금 늦지만, 북위北魏 낙양에는 곽내郭內에만 500여 개의 불교사원이 있었다는 기록과 낙양성 내외로 1,400여 개의 사원이 있었다는 기록이 있고, 남조南朝

[그림 11] 북위北魏 낙양의 영녕사탑永寧寺塔 복원도

516년에 건립된 낙양의 영녕사 9층 목탑은 534년 화재로 소실되어 남아 있지 않지만,
탑의 기초부분이 원형을 유지하고 있어, 여러 복원안이 제시되고 있다.
대체로 탑의 높이가 100미터 이상이었을 것으로 추정한다.
* 출처: 王貴祥, 〈北魏洛陽永寧寺塔可能原狀再探討〉,
《建築史學刊》 2022-3, 2022, 116쪽.

건강의 경우에도 도성 내 자리한 불교사원이 500여 곳에 이른다는 기록과 도읍 내 이름난 불교사원이 700여 곳이라는 기록이 있다. 경관을 짐작할 수 있게 하는 기록이다. 낙양이나 건강의 불교사원은 고층 불탑이 장식한 화려한 스카이라인이나 아름다운 벽화를 통해 도성 공간을 불국토로 만들기에 충분했다. 특히 남조 불교사원의 4분의 1 혹은 그 이상이 건강에 있었다는 통계는 불교사원이 권력에 밀착해 있었다는 점을 짐작케 한다.

신라 왕경에도 불교사원 밀집

한편, 신라 왕경의 예도 참고할 필요가 있다. 신라가 불교를 공인한 6세기 중반경부터 신라 도성 공간에 중대한 변화가 나타났다. 주목할 것은 월성과 대릉원, 황룡사지를 중심으로 새롭게 조성된 시가지의 경계 부근에 불교사원이 집중 조영되었다는 사실이다. 즉 신라 중고기의 중심지를 불교사원이 둘러쌈으로써 불국토가 연출될 수 있었던 것이다. 이러한 불국토 연출은 단순한 경관의 변화에 머물지 않았다. 불교사원 안쪽의 중심지는 일종의 성역화된 공간이 됨으로써 신라 중고기 왕실의 권력과 그 정당성을 가시화했기 때문이다. 결국 낙양과 건강 그리고 신라 왕경의 불국토 연출은 지배 권력의 배타적 공간 구현이었다.

만약 위의 평양에 세워진 아홉 개의 사원 역시 같은 방식의 공

[그림 12] 신라 중고기 왕경의 불교사원 배치도

* 출처: 余昊奎, 〈新羅 都城의 空間構成과 王京制의 성립과정〉,《서울학연구》18, 2002, 53쪽.

간 연출로 읽을 수 있다면, 저 아홉 개의 사원은 공히 전기 평양 도성의 중심지에 세워졌을 가능성이 크다. 고구려가 평양으로 천도하기 직전에 남조와 교류했던 사실은 이를 방증한다. 이를 통해 고구려 전기 평양 도성의 불교사원 밀집은 화려한 경관을 통해 불국토를 연출했던 동진東晉과 유송劉宋의 건강 도성을 참고했다는 가설을 세울 수 있다. 고구려 사신들은 동진과 유송에 입조하는 과정에서 그 건강 도성을 충분히 경험할 수 있었다.

물론 이 가설에는 두 가지 숙제가 남는다. 하나는 앞서 언급한 대로 이미 전기 평양 도성에는 건강 도성을 경험하기 이전인 광개토왕 대부터 불교사원이 건설되고 있었다는 점이고, 다른 하나는 건강의 경우 대왕 권력에 의해 불교사원이 건설되었던 전기 평양과 달리 대체로 신도가 자기 소유의 원림과 주택을 시주하여 건립되었다는 점이다. 다만, 오히려 이 두 가지 문제는 고구려의 전기 평양 도성이 남조 건강의 직접적인 영향을 받아 조영된 것이 아니라 단지 참고했던 것에 지나지 않았다는 점을 보여주는 반증일 수 있다.

주목하고 싶은 것은 양자의 차이보다는 공통점을 통해 드러나는, 고구려와 남조 지배 권력이 공유했던 공간 기획 및 경관 구상이다. 특히 전기 평양과 남조 건강은 불교사원 밀집 외에도 두 가지 공통점이 더 있었다.

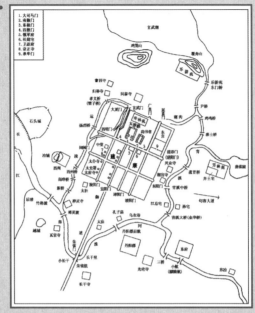

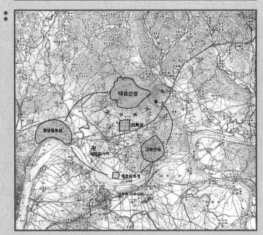

• [그림 13] 남조 건강 도성 평면도

•• [그림 14] 고구려 전기 평양 도성 평면도

* 출처: [그림 13] 郭湖生, 〈臺城辞〉, 《考古》 1999-5, 1999, 68쪽; [그림 14] 동북아역사재단,

《고구려 안학궁 조사 보고서 2006》, 동북아역사재단, 2006, 36쪽.

전기 평양에는 평지 성곽이 없었다

하나는 평지 성곽의 부재이다. 고구려 전기 평양 도성에는 기왕의 집안 도성과 달리 평지 성곽이 없었는데, 건강 역시 마찬가지였다. 당시 북위의 도성이었던 평성平城에는 비록 그 규모와 위치에 관해서는 이견이 있더라도 분명히 외성과 외곽이라는 평지 성곽이 축조되었던 반면, 손오孫吳 이래의 건강에는 도장都墻이 축조되는 480년까지 단지 죽리竹籬가 둘러져 있었을 뿐 평지 성곽이 없었다.

다른 하나는 도성 방위를 위해 사방에 축조된 군사 요새의 존재이다. 서쪽으로 장강, 남쪽으로 진화하에 임하고 북쪽으로 현무호, 그 동쪽으로 종산이 막고 있는 건강의 자연지리적 입지는 서쪽으로 합장강, 남쪽으로 대동강에 임하고 북쪽으로 대성산, 동쪽으로 고방산이 막고 있는 전기 평양의 입지와 닮은 면이 있다. 특히 도성을 둘러싸는 외곽 성벽 없이 서쪽의 석두성, 남쪽의 월성, 동쪽의 동부성을 통해 도성을 방위하던 건강의 방위 구상은 전기 평양과 닮았다.

이미 평양 천도 이전부터 존재했던 서쪽의 청암리 토성, 도성의 남쪽 관문을 지키기 위해 축조되었을 것으로 추정되는 청호리 토성, 이들과 함께 도성 방위체계를 이루던 동쪽의 고방산성 등 전기 평양 도성의 사방에 배치된 군사방어 요새는 건강의 요새들과 각각 대응한다. 자연환경과 결합시킨 군사방어 요새가 성벽과 동일한 효과를 발휘할 것이라 기대했다는 점에서 남조 건강과 전기 평양은 다르지 않았다.

결국 이 두 가지 공통점은 전기 평양 도성의 경관 조성에 남조 건강의 사례가 참고되었을 것이라는 위의 가설을 방증하는 셈이다. 그리고 이는 전기 평양 도성 내에도 남조 건강과 마찬가지로 불교사원이 밀집했을 가능성을 제고한다.

물론 남조 건강과 전기 평양의 경관상 차이가 없었던 것은 아니다. 먼저 도성의 핵심인 궁성의 경우, 남조 건강은 평지에 둘레 8리의 이중 궁장을 두르고 그 위에 망루를 세워 상대적으로 폐쇄적인 경관을 만들었던 반면, 전기 평양 도성의 경우 북쪽의 대성산성이 궁성의 기능을 담당함으로써 도성 어디에서나 왕을 볼 수 있었다. 환도산성의 전통을 가졌던 고구려로서는 궁성을 평지에만 조성해야 할 이유가 없었는지도 모르겠다.

또한 남조 건강의 도성 내 도로들은 구불구불했던 반면, 전기 평양 도성에는 격자형 가로구획이 실시되어 직선의 도로들이 조성되었다. 비록 소준蘇峻의 난으로 폐허가 되었을지라도, 손오 이래의 구도舊都 위에 도성을 조영했던 동진으로서는 구불구불했던 과거의 도로를 계속 이용했던 셈이지만, 기왕의 중심지가 아닌 땅에 신도시를 건설했던 고구려로서는 권력의 의도를 반영한 가로구획을 실시할 수 있었다. 고구려는 남조 건강의 성벽 없는 방위 구상과 화려한 불교사원의 경관을 직접 경험했고, 이를 전기 평양 도성 조영에 반영함과 동시에 기존의 전통과 새로운 구상을 토대로 고구려만의 도성 경관을 창출했던 셈이다.

고대 도성, 권력으로 읽다 ⟶●

요컨대 고구려의 지배 권력을 가시화한 경관으로서 초대형 고분을 대신한 새로운 도성 경관은 불교사원일 수 있다. 지금까지 알려진 고구려 불교사원의 건축 양식에 따르면, 전기 평양 도성 역시 규모의 차이가 있긴 했지만 낙양의 경우와 마찬가지로 고층 불탑을 가람 배치의 중심에 놓고 있었기 때문이다. 5세기 말경에 건설되었던 것으로 추정되는 청암리사지와 정릉사지, 상오리사지의 경우 중앙에 위치한 팔각 탑의 직경이 각각 25미터와 17.6미터, 20미터에 달한다. 청암리사지 탑은 7층 탑으로 복원하면 높이가 61.25미터에 달하고, 신라 황룡사탑의 비율로 환산하면 높이가 약 90미터에 이른다. 특히 상오리사지의 경우, 비록 상세한 발굴보고가 전하지는 않지만, 직경만 놓고 보면 청암리사지의 탑보다 더 높은 팔각 탑이 있었고, 전기 평양 도성의 격자형 가로구획 범위에 위치해 있었다. 당시 도성의 스카이라인을 장식했던 고층 불탑을 상상하기에 충분한 높이와 위치이다.

이처럼 고층 불탑으로 장식한 현란한 스카이라인은 초대형 고분의 자리를 대신하면서 권력 공간의 새로운 경관을 연출했다. 그리고 그 불국토의 정점에는 전륜성왕轉輪聖王으로서의 대왕이 있었다. 불교사원으로 장식된 도성의 화려한 경관을 통해 언제나 대왕의 권력을 경험했던 셈이다. 결국 불교를 매개로 하여 신분질서와 지배체제의 유지를 도모했다는 점에서 5세기 평양과 낙양, 건강의 경관은 다르지 않았다.

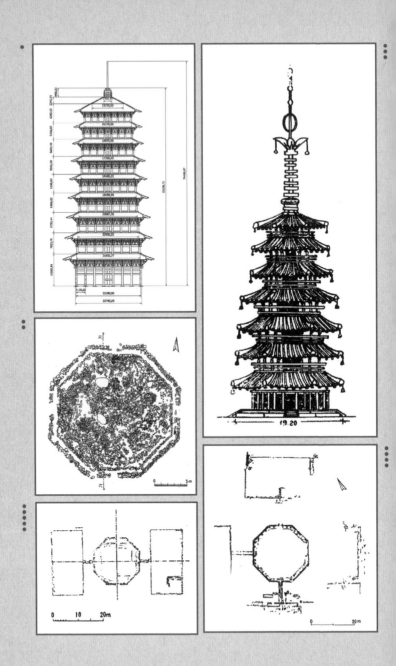

19.20

• [그림 15] 신라 황룡사지 9층 목탑 복원도

•• [그림 16] 고구려 정릉사지 불탑터 실측도

••• [그림 17] 고구려 정릉사지 불탑 복원도

•••• [그림 18] 고구려 청암리사지 불탑터 실측도

••••• [그림 19] 고구려 상오리사지 불탑터 실측도

* 출처: [그림 15] 국립문화재연구소,

《황룡사 복원건물 기초구조 연구》, 국립문화재연구소, 2017, 95쪽.

[그림 16] 이강근, 〈高句麗 八角形建物址에 대한 연구〉,

《선사와 고대》 23, 2005, 28쪽 재인용.

[그림 17] 전제헌, 《동명왕릉에 대한 연구》, 사회과학출판사, 1994, 153쪽.

[그림 18] 이강근, 〈高句麗 八角形建物址에 대한 연구〉,

《선사와 고대》 23, 2005, 26쪽 재인용.

[그림 19] 이강근, 〈高句麗 八角形建物址에 대한 연구〉,

《선사와 고대》 23, 2005, 27쪽 재인용.

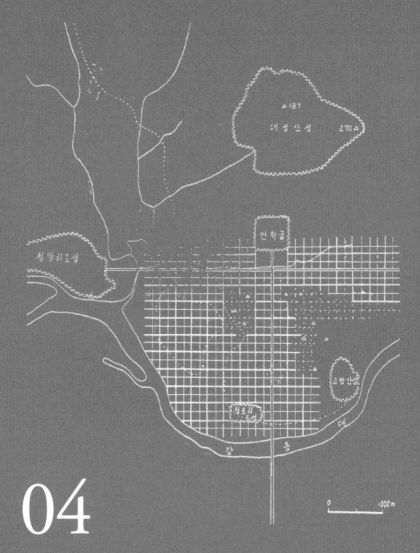

04

신분에 따른 선 긋기,
그리고 대왕

||| 1 |||
율령 질서 반영을 위한 격자형 구획

E는 '고도'의 고위 관료이다. 그는 오늘 옆 나라의 도성 F로 떠난다. 새로운 왕의 즉위를 축하하기 위한 사절단에 포함된 것이다. 출발 전 인사를 하러 가자 '고도'의 왕은 그에게 은밀히 특별한 임무를 부여한다. F의 도시 계획을 조사해오라는 임무이다. '고도'의 왕은 율령과 불교를 받아들임으로써 초월적 권력을 얻고자 했다. 그는 '고도'의 도시 경관을 통해서도 그런 그의 의도를 드러내고 싶다.

또 그는 주민들이 경관을 통해 권력과 질서에 순응하게 만들고 싶다. 이런 그의 욕망은 이미 50년 전 시도된 불국토 연출을 통해서도 드러났지만, 아직 모자라다. 왕 스스로 부처가 되었지만, 귀족들 가운데 이에 불응하는 자들도 많다. 자신도 부처가 될 수 있다고 믿거나 이미 스스로 보살이라고 하는 자들이 더러 있다. 이념 세계에 절대적인 것은 없는 법이다. 현실의 세계에서 왕의 초월적인 권력을 보여주어야 한다. E는 그런 왕의 생각을 잘 알고 있다. 몇 번인가 왕의 부름을 받고 가서 이런 이야기를 나눈 기억이 있다. 그에게 임무가 주어진 이유이다.

F에 거의 도착할 무렵, E의 눈에 저 멀리 고층 불탑이 들어온다. '고도'보다 수도 훨씬 많고 높이도 더 높아 보인다. 옆 나라가 강국이고 F가 크다는 것은 이미 들어 알고 있었지만, E는 새삼 놀란다. 조금 더 가까워지자 도시를 둘러싼 듯 보이는 성벽이 보인다. 성문을 통해 들어가자 대로가 막힘없이 일자로 뻗어 있다. 성벽에 가려 멀리선 보이지 않았는데 들어와서 보니 F는 여러 개의 남북도로와 동서도로가 직각으로 교차하며 만들어낸 격자형, 일명 바둑판 모양의 도시였다.

E는 놀란 기색을 감추기 어렵다. 직선으로 쭉쭉 뻗은 도로를 보고 있자니 마치 미로에 있는 듯해 머리가 어지럽다. 성문을 지나 얼마나 온 것인지, 저 앞까진 얼마나 남은 것인지 알 재간도 없다. 문득 그 길이 그 길 같은 이 도시에서 이곳 사람들은 대체 어떻게 길을 찾아다니는지 궁금해진다. E의 목적지는 분명하다. 이 길 끝에 있다는 궁실이다. 길을 따라 앞으로 조금 더 가니 그제야 약간의 변화를 알아챈다. 앞으로 나아갈수록 기와집의 비율이 높아지고 건물의 규모도 더 커질 뿐만 아니라 행인의 수는 줄어든다.

새로운 왕의 즉위를 축하하고 나온 E는 은밀한 임무를 수행하기 위해 F의 건설에 참여했던 이 나라의 고위 관료 G를 만난다.

'고도'의 왕이 챙겨준 몇 가지 선물을 전달하며 F의 도시 계획과 그 배후에 있는 의도들을 캐묻는다. 특히 E는 도시를 바둑판으로 만든 이유를 알고 싶다. G는 선뜻 대답한다. 땅을 쉽게 나눠줄 수 있기 때문에. 그러면서 G는 설명한다. F는 구도시를 재개발한 것이 아니라 빈 땅에 새로운 도시를 건설한 것이라고. 본래 소유자가 없던 땅이었으니 적당히 나눠주어야 할 텐데 선착순으로 차지하게 할 수는 없는 노릇이고, 그래서 왕이 관료들의 지위 등급에 따라서 차등을 두고 땅을 나누어주어야 했다고. 고민 끝에 찾은 가장 쉬운 방법이 이렇게 바둑판 모양으로 도시를 구획하는 것이었다고.

E는 확실히 이런 구획이라면 등급에 따라 쉽게 땅을 나눠줄 수 있겠다는 데 동의한다. 예컨대 1등급의 관료에게 바둑판 1개 구획의 땅을 준다면, 2등급 관료에게는 바둑판 4분의 3개 구획, 3등급 관료에게는 4분의 2개 구획의 땅을 준다. 이런 식으로 차등 지급된다면, 지급된 땅의 면적에 따라 주민의 신분이 드러나게 된다. G는 이러한 설명 끝에 중요한 것은 그게 아니라고 짐짓 유난을 떤다. 이 계획의 핵심은 땅을 차등 지급하는 것이 아니라, 왕이 그러한 바둑판 구획으로부터 벗어나서 독자의 넓은 면적을 따로 갖는 것이라고 강조한다. 이렇게 되면 왕은 바둑판 구획이라는 질서 바깥에 존재하는 초월적인 존재가 된다. 그리고 왕을 제외한 나머지 귀족들은 관료제라는 율령 질서에 의해 구속받는 존재가 된다.

E는 G의 집을 나와 홀로 F를 여행한다. F의 궁실은 바둑판 구획 너머에 있다. 궁실 문 앞을 가로지르는 도로는 넘을 수 없는 선이다. 그 선에 가까울수록 높은 신분의 주민이 거주한다. 마치 미로 같던 바둑판이 이제는 대단히 효율적이고 훌륭한 기획 상품처럼 보인다. '고도'의 왕이 바라던 바로 그 경관이다. E는 돌아가 왕에게 보고할 생각에 들뜬다. 명쾌한 해답을 찾은 느낌이다.

천도의 이유

다만, 한 가지 걸리는 점이 있다. '고도'를 이렇게 바둑판으로 고칠 순 없다. 오래된 도시 '고도'의 구불구불한 길과 부정형의 택지를 정연한 도로와 반듯한 바둑판으로 만들려면, 엄청난 비용과 시간이 필요하다. 차라리 F처럼 빈 땅에 새로운 도시를 건설하는 것이 수월할지 모른다. 결국 천도가 답인데, 기득권 귀족들이 가만있을 리 없다. 왕은 '고도' 귀족들의 반발을 어떻게 돌파할까. 왕은 불교를 수용할 때도 귀족들의 강한 반발에 부딪혀 상당한 희생을 치르지 않았던가.

E는 '고도'로 돌아와 왕에게 보고한다. 정연한 구획에 구현된 초월적 권력의 존재를 설명한다. 왕은 E의 보고 내용이 흡족하다. 그러나 왕 역시 E와 같은 고민에 빠진다. 귀족들의 반발을 최소화하면서 시간과 비용을 절약하는 방법을 고민한다. 뜻 맞는 관료

들과의 수차례 회의 끝에 천도지는 '고도'에서 멀지 않은 장소가 채택된다. 주민들의 삶의 터전을 크게 벗어나지 않는 것이 최선의 방법이라는 판단이다. 왕은 결연한 의지로 천도 계획을 공포한다. 불과 몇 킬로미터 떨어진 곳에 새로운 '고도'가 건설되기 시작한다.

||| 2 |||
화폐경제 성립과 연관된 성곽

성은 기본적으로 장벽이다. 필연적으로 장벽은 내외와 피아를 구분한다. 이러한 장벽은 이미 신석기 시대부터 조영되어왔다. 출발은 외부로부터의 물리적 폭력이었다. "밖으로부터의 두려움이 없다면, 나라에 어찌 성이 필요하겠는가"라는 《춘추좌씨전》의 기록만 보더라도 그 기능을 알 수 있다. 그런데 중국의 경우, 춘추전국이라는 이른바 '전사분기戰事紛起'의 시대를 거치면서 평지 성곽이 도시 경관의 필수 요소로 자리 잡게 된다. 전쟁이 일상화됨에 따라 도시는 방어시설인 성을 필요로 했다. 특히 전국 시대 들어 전쟁 양상이 대체로 공성전의 형태를 띠게 되면서 성의 역할과 기능이 제고될 수밖에 없었다.

한편, 잦은 전쟁 수행은 일종의 직업적 군인들을 등장시켰고, 동시에 전쟁을 피해 방어시설 안으로 인구가 집중되는 현상을 불러왔다. 전국 시대 도시의 발달은 이와 무관하지 않았다. 바로 이 시기에 '곽郭'이 등장했다. 곧 평지 성곽이다. '성城'의 역할이 군君을 위요하기 위한 것이었다면, '곽'의 기능은 민을 지키기 위한 것이었다. 이는 방어 기능상의 차이, 즉 대상의 구분이었다. '곽'의 등장 원인으로는 크게 두 가지가 지적된다. 하나는 제사 등의 종교적 권위가 저하됨으로써 종묘 등의 제사 시설을 둘러싸고 있는 성의 중요성이 낮아진 점이고, 다른 하나는 전쟁의 양상이 전차전 중심의 야전에서 보병 중심의 공성전으로 바뀜에 따라 곽의 필요성이 커진 점이다. 춘추전국이라는 시대적 상황의 결과였다.

춘추전국 시기의 도시가 이전의 도시들과 달라진 점은 크게 두 가지였다. 하나는 인구 집중에 따른 도시의 거대화였고, 다른 하나는 '곽'의 등장이었다. 이러한 변화는 생산력 증가에 따른 권력 집중에서 기인했는데, 주목할 것은 이 두 가지 변화의 결과로서 나타난 시장의 발달과 화폐경제의 성장이다. 춘추 시대 이래 철제 농기구 등 생산 도구의 발달에 따른 생산력의 증가는 절대 인구의 증가뿐만 아니라 잉여 생산의 축적 및 잉여 인구의 발생을 가져왔다.

춘추전국이라는 시대적 조건 속에서 권력자들은 잉여 생산 및 잉여 인구를 군사력 및 군사력을 뒷받침할 만한 행정력과 경제력을 강화하는 쪽으로 집중시켜야 했다. 즉 직업적 군인과 관료 및 상공업자들의 증가는 쟁탈의 시대에서 살아남기 위한 권력의 기획일 수 있었다. 그 결과 정치적으로 권력 집중에 따른 관료제도의 성립이 이루어졌다면, 경제적으로는 농업 생산에서 이탈하여 도시에 모인 잉여 인구가 상공업에 종사하게 됨에 따라, 도시 내 수공업 및 화폐경제가 발달할 수 있었다. 이것은 시장의 발달로 표출되었다.

이 와중에 등장한 '곽'의 기능 역시 화폐경제의 성장과 관련될 수밖에 없다. 춘추전국이라는 군사력 경쟁의 시대에서 화폐경제를 통한 잉여 생산의 집적이야말로 생존을 위한 필요조건일 수 있었다면, 이때 등장한 '곽'의 기능 또한 화폐경제의 보호가 목적일 수 있기 때문이다. 정리하면, '곽'의 출현은 두 가지 조건으로 말미암는다. 첫째는 중심지에 집결되는 화폐경제의 성장이고, 둘째는 그 경제사회를 위협하는 외부 적의 침입이다. 그러나 초기 고구려 사회는 이 두 가지 조건에 부합하지 않았다.

> [고구려는] 큰 산과 깊은 골짜기는 많고 원택原澤은 없다. 산 계곡을 따라 거주하며 간수澗水를 먹는다. 양전良田이 없으므로 비록 힘써 농사를 짓더라도 구복口腹을 채우기에는 부족하다. 그 습속에 식량을 아낀다. …… 노략질을 즐긴다(《삼국지》 권30 오환선비동이).

이 기록은 3세기 중반 당시 혹은 그 이전 고구려의 사회경제적 상황을 알려준다. 농사지을 만한 땅이 변변치 않은 조건에서 반농반렵 생활을 하던 고구려로서는 식량을 아끼면서 주변 소국에

고대 도성, 권력으로 읽다 ➔ ●

대한 약탈을 통해 생활을 유지할 수밖에 없었다. 이러한 사회에서는 화폐경제를 성장시킬 만한 잉여 생산을 기대하기 어려웠다. 《삼국사기》에 따르면, 동명성왕 대부터 차대왕 대까지 총 26회의 전쟁 중 무려 20회가 공격 및 약탈전이었다. 건국 이래 고구려는 지속적으로 주변 소국을 약탈하고 복속시킴으로써 경제적 기반을 마련했던 셈이다.

그나마 6회의 방어전 중 도성이 위협받았던 것은 단 한 번뿐이었다. 초기 고구려는 화폐경제가 성장할 수 있는 사회경제적 조건이 아니었을 뿐만 아니라, 《삼국사기》에 따르면 중심지를 위협받는 외부의 침입을 겪지도 않았다. 이는 초기 고구려의 중심지에 평지 성곽인 '곽'이 필요하지 않았다고 볼 수 있는 근거가 된다. 그렇다면 고구려는 언제부터, 그리고 왜 도성의 평지에 성곽을 조영하기 시작했을까.

고구려가 평지 성곽을 조영한 시기

고구려 도성 유적으로서 현재까지 알려진, 가장 이른 시기의 평지 성곽은 흔히 국내성國內城으로 불리는 중국 길림성 집안 평지성이다. 집안 평지성의 역할과 기능을 알기 위해서는 먼저 축조의 연대 및 배경을 확정할 필요가 있다. 집안 평지성의 축조 연대에 관해서는 세 가지 견해가 있어왔다.

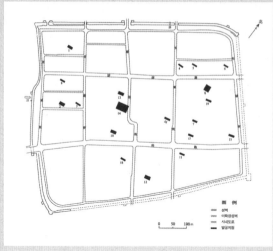

- [그림 20] 고구려 집안 평지성 평면도
- • [그림 21] 고구려 집안 평지성 서쪽 성벽

집안 평지성은 통구하通溝河와 압록강이 만나는 집안 분지의 중심부에 위치한다.
평면은 사각형이고, 둘레는 약 2.7킬로미터인 석성이다.

* 출처: [그림 20] 吉林省文物考古研究所·集安市博物館,
《國內城-2000~2003年集安國內城與民主遺址試掘報告》, 文物出版社, 2004, 10쪽.
[그림 21] 서울대학교박물관·동북아역사재단, 《하늘에서 본 고구려와 발해》,
서울대학교박물관·동북아역사재단, 2008, 29쪽.

첫째, 한대漢代설이다. 1970년대 발굴 조사를 통해 석축 성벽 아래에서 한대 토성의 흔적을 발견했다고 보고되었기 때문이다. 그러나 2000~2003년 발굴조사에서는 석축 성벽 아래에서 한대 토성의 흔적을 발견하지 못했고, 오히려 석축 성벽 안쪽 토축 기저부에서 성벽 축조를 위해 조성된 성토층을 확인했다. 이에 따라 이 성토층을 한대 토성의 흔적으로 오인했을 가능성이 제기되었다. 이로써 집안 평지성 밑에 한대 토성이 있었다던 한대설은 그 근거를 잃고 말았다.

둘째, 3세기 중반설이다. 이 견해는 두 가지 근거 위에 서 있다. 하나는 동천왕 21년(247)의 평양성 축조 기사에 대한 해석이다. 문헌 자료의 정황상 이때의 평양성은 집안 지역에 위치할 수밖에 없을 뿐만 아니라, 3세기 중반경에 편찬된 《삼국지》에 따르면 당시 고구려의 도읍은 환도산 아래라고 전하므로, 이때의 평양성은 곧 집안 평지성으로 비정될 수 있었다. 다른 하나는 고고 자료의 정황이다. 성 내부에서 발견된 기년명 와당 등을 통해 이미 3세기 중반경부터 이곳이 도성의 경관을 갖추었다고 볼 수 있었다. 단, 이 견해는 결정적인 약점이 있다. 2009년과 2011년의 집안 평지성 동·남벽 조사 시 성벽의 가장 안쪽 토축 부분에서 출토된 토기 편들이 4세기 초로 편년됨에 따라, 집안 평지성의 초축 연대를 4세기 초 이전으로는 볼 수 없게 되었기 때문이다.

셋째, 4세기 중반설이다. 이 견해 역시 두 가지 근거 위에 있다. 하나는 고고학적 근거이다. 앞서 언급한 대로, 2009년과 2011

년의 성벽 조사를 통해 현존하는 집안 평지성의 축조 연대는 4세기 초 이후일 가능성이 커졌다. 다른 하나는 《삼국사기》 고국원왕 12년(342)의 "국내성을 쌓았다"는 기사이다. 단, 이 경우 동천왕 21년(247)의 평양성을 간과한 측면이 없지 않다. 이때 평양성의 위치에 관해서는 이견이 있지만, 이미 지적했듯이 당시 도읍의 위치가 환도산 아래라는 《삼국지》 기록에 의해 집안 지역일 가능성이 크다면, 집안 지역 내에서 평양성으로 비정할 만한 성곽 유적은 집안 평지성뿐이기 때문이다.

결과적으로 3세기 중반설은 사료에 대한 정합적 해석이라는 강점이 있긴 하지만 극복하기 어려운 고고학적 약점을 갖고 있는 반면, 4세기 중반설은 고고학적 근거 위에 서 있지만 동천왕 21년 기사에 대한 해석 문제라는 풀어야 할 숙제를 안고 있다. 이와 같은 문헌 사료와 고고 자료 간의 모순을 해결하기 위해서는 새로운 자료의 발굴이 필요해 보인다. 하지만 기존 자료에 대한 새로운 접근을 통해 단서를 잡을 수도 있다. 주목할 것은 평지 성곽의 축조 배경과 목적이다. 배경과 목적의 차이는 그 결과물의 기능과 역할의 차이를 가져올 수 있기 때문이다.

《삼국사기》에 따르면, 공교롭게도 동천왕 21년의 평양성과 고국원왕 12년의 국내성은 축조의 배경과 목적이 달랐다. 그 차이를 검토함으로써 '고구려는 왜 평지 성곽을 조영했을까'라는 질문에 대한 답까지 추론할 수 있다. 논지 전개의 편의를 위해 뒤 시기인 고국원왕 12년 국내성 축조의 배경과 목적을 먼저 유추해보자.

[고국원왕] 9년(339) 연왕燕王 [모용慕容]황皝이 침략해왔다. [연의] 군사들이 신성新城에 이르자 왕이 화의를 구했다. 이에 [연의 군사들이] 돌아갔다. 10년(340) 왕이 세자를 보내 연왕 [모용]황을 조알朝謁하게 했다. 12년(342) 봄 2월, 환도성丸都城을 수즙修葺하고, 또 국내성國內城을 쌓았다. 가을 8월, 환도로 이거移居했다. 겨울 10월, 연왕 [모용]황이 용성龍城으로 천도遷都했다. 입위장군立威將軍 [모용]한翰이 먼저 고구려를 취하고, 후에 우문宇文을 멸한 연후에야 중원을 도모할 수 있다고 청했다. …… [모용]황이 그를 따랐다. 11월, [모용]황이 스스로 경병勁兵 4만을 거느리고 남도南道로 나아갔다(《삼국사기》 권18 고구려본기6).

이 기록을 통해 두 가지 사실을 유추할 수 있다. 하나는 342년 국내성 축조 사업이 환도성 수리와 동시에 진행되었다는 사실이고, 다른 하나는 이를 전후로 고구려와 전연의 관계가 심상치 않았다는 사실이다. 고구려는 왜 갑자기 기왕에 왕의 거처였던 환도성 수리와 국내성 축조를 동시에 진행한 것일까.

《삼국사기》는 그 배경으로 고구려와 전연과의 관계를 암묵적으로 언급한다. 평지에서 산으로의 이동은 군사적 필요에 의한 방어 목적일 개연성이 크다. 환도성 수리와 동시에 진행된 국내성 축조 역시 위와 같은 맥락 속에서 읽힐 수 있다. 앞에서도 알 수 있듯, 이미 3년 전 전연의 침공을 겪은 고구려는 먼저 화의를 구하고 세자를 보내 조알케 하는 등 낮은 자세로 전연과의 관계 개선을 노렸지만, 여의치 않았던 것 같다.

고조된 긴장 관계 속에서 고구려는 환도성 수리와 국내성 축조 그리고 왕의 거처 이동이라는 일련의 군사적 대비에 돌입했고, 그 직후에 전연의 본격적인 침공이 시작되었다. 비록 제 역할을 못 하고 함락되고 말았지만, 분명 국내성 축조의 배경과 목적은 전연의 침공과 그에 대한 군사방어상의 필요였다.

기병 중심 야전에는 성곽 필요성 적어

이러한 배경과 목적을 고려했을 때, 342년에 축조된 국내성을 고구려 도성 최초의 평지 성곽으로 보기에는 몇 가지 의문이 남는다. 우선 첫째, 평지에 방어용 성곽을 쌓는 것은 그동안 고구려의 전쟁 수행 형태와 맞지 않는다. 앞서 지적한 대로 평지 성곽의 군사적 기능은 보병 중심의 수성전 형태에서 효과적인데, 당시 고구려는 기병 중심의 야전에 익숙했다.

342년 당시 전연과의 전쟁을 보더라도, 왕이 스스로 도성 밖으로 나가 남도를 지키는 등 야전 형태의 전쟁을 수행했음을 알 수 있다. 특히 172년 한이 대병을 이끌고 고구려를 공격했을 때 고구려 군신群臣들의 중의衆議에서 드러나듯이, 고구려는 "산이 험하고 길이 좁아, 소위 한 사람이 관關을 지키면, 만 사람도 당하지 못하는" 지형을 활용하여 주로 산성과 관애關隘를 쌓아 적의 공격에 대비했다. 172년에 명림답부가 그러했듯이, 고구려는 산성과 관애를 굳게 지키다가 적이 돌아갈 때 기병을 활용하여 야전에서 공격하는 작전을 주로 사용했던 만큼, 평지 성곽에는 익숙하지 않았다.

이미 2세기 이래로 신빈新賓의 영릉진고성이나 통화通化의 적백송고성 등 한이 축조한 평지성들이 고구려의 영역에 편입되었으므로 고구려가 평지 성곽 중심의 방어체계를 모르진 않았다. 그러나 4세기까지도 고구려는 여전히 험준한 지형에 산성을 축조하여 주요 길목을 통제하는 방식을 고수했다. 게다가 전연의 대군을 막아야 하는 고구려가 당시로서는 생소했을 평지 성곽을 새로 쌓고 수성전에 대비했다는 것은 매우 어색하다.

둘째, 시간과 비용의 문제이다. 비록 평지 성곽이 없었다 하더라도, 집안 평지성 일대는 늦어도 3세기 중반경 이래로 고구려의 중심지였다. 3세기 말~4세기 초로 편년되는 토기와 4세기 초로 편년되는 권운문 와당이 집안 평지성 내부와 그 주변에서 다수 출토되고 있기 때문이다. 따라서 342년에 국내성이 도성 최초의 평지 성곽으로 조영되었다면, 기왕의 중심지 중 일부 구역의 건물들을 깨끗이 밀어내고 성곽을 새로 쌓을 만한 공간을 마련해야 했다. 당장 전쟁을 대비해야 하는 긴박한 상황에서, 게다가 앞서 지적한 대로 새로운 평지 성곽 조영이 생소한 작업일 수밖에 없는 상황에서, 고구려가 모험적으로 이 정도의 비용과 시간을 들이는

[그림 22] 집안 지역 고구려 도성 공간

* 출처: 서울대학교박물관·동북아역사재단,《하늘에서 본 고구려와 발해》,
  서울대학교박물관·동북아역사재단, 2008, 26~27쪽.

것이 과연 가능했겠는가라는 의문이 들지 않을 수 없다.

결국 342년 국내성 축조의 배경과 목적은 전연의 침입과 그 대비였다. 기능과 역할이 방어에 유리해야 했던 것이다. 그러므로 이때의 국내성 축조를 집안 평지성의 초축으로 이해하는 것은 합리적이지 않다. 다음은 247년 평양성 축조의 배경과 목적이다.

[동천왕] 21년(247) 봄 2월, 왕은 환도성이 난亂을 겪어 다시 도都로 삼을 수 없으므로, 평양성平壤城을 쌓고 민民과 묘사廟社를 옮겼다(《삼국사기》 권17 고구려본기5).

동천왕 20년, 고구려는 조위 유주자사 관구검의 공격을 막아내지 못했다. 이듬해 동천왕은 기왕의 도성이었던 환도성을 복구하는 것은 어렵다고 판단하고, 새로 평양성을 쌓아 그곳으로 민과 묘사를 옮겼다. 즉 이때 평양성 축조의 배경은 조위에 의한 환도성 파훼였고, 목적은 새로운 도성의 조영이었다. 이 평지 성곽의 기능과 역할을 알기 위해 주목할 것은 묘사廟社의 이동이다. 만약 이때의 평양성이 군사방어의 기능만 있었다면, 굳이 묘사를 옮길 이유는 없다. 오히려 파훼됐을지언정 산성으로서의 환도성이 평지성보다는 방어의 기능 면에서 우월하기 때문이다. 흥미로운 것은 묘사, 즉 종묘와 사직이 권력의 공간을 상징한다는 점이다. 묘사의 이동은 곧 권력의 이동일 수 있었다. 이런 점에서 보면 평양성의 조영은 산성에 있던 권력의 공간을 평지로 옮긴 셈이다. 그 이유는 무엇일까. 그리고 군사방어 기능 외에 도성의 새로운 평지 성곽에 부여된 기능과 역할은 무엇일까.

추정할 수 있는 단서는 묘사와 함께 옮겨진 민의 존재이다. 묘사로 상징되는 권력의 공간에 함께 옮겨졌다는 사실을 간과하기 어렵기 때문이다. 권력의 공간에 거주할 수 있었던 민은 결국 권력을 갖는 지배세력일 수밖에 없다. 즉 평양성의 기능과 역할은 군사방어 외에 권력의 공간과 지배세력의 거주 공간 확보에 있었다. 여기에서 선으로서의 성곽은 물리적으로 공간을 구분함으로써 권력과 비권력, 지배와 피지배를 공간적으로 구분하는 공간의 신분화를 가시화한다.

집안 평지성은 균질의 권력 공간

위와 같이 축조의 배경과 목적을 고려하면, 집안 평지성은 고국원왕 대 국내성보다는 동천왕 대 평양성의 기능과 역할에 더 부합한다고 볼 수 있지 않을까. 한 가지 참고할 것은 집안 평지성의 내부 출토 유물, 즉 권운문卷雲紋 와당의 분포이다. 권운문 와당은 집안 평지성 내부에서 확인된 10곳의 건물 유적 가운데 7곳에서 출토되었는데, 집안 평지성 내의 북부, 중부, 남부 등에 골고루 분포하고 있다. 이는 권운문 와당이 유행하던 4세기에 와당을 사용한 고급 건축물이 성곽 내부에 골고루 분포했을 가능성을 보여준

고대 도성, 권력으로 읽다 ──●

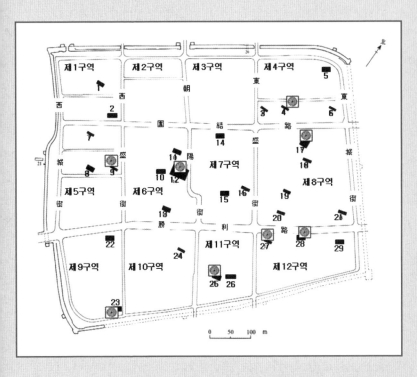

[그림 23] 고구려 집안 평지성 내 권운문 와당 출토 현황
* 출처: 여호규, 〈고구려 國內城 지역의 건물유적과 都城의 공간구조〉,
《韓國古代史研究》 66, 2012, 65쪽.

다. 다시 말해 집안 평지성 내부는 고급 건물이 고르게 분포하는 균질의 권력 공간이었던 것이다. 이를 근거로 집안 평지성이 고구려 지배세력의 집단거주 구역이었다는 해석이 나올 수 있었다.

만약 이러한 해석을 인정할 수 있다면, 동천왕 대 평양성의 기능과 역할이야말로 집안 평지성에 부합한다고 봐도 좋다. 즉 묘사가 위치하는 권력의 공간으로서 평양성 내부에는 선택받은 민으로서, 기와를 사용할 수 있었던 지배세력이 살고 있었다. 바꿔 말해 집안 평지성은 단순히 군사방어의 기능 외에도 그 안팎을 구분하는 동시에, 그 안에 살 수 있는 사람과 살 수 없는 사람의 구분, 즉 공간의 신분화라는 기능도 수행했다고 말할 수 있다.

성곽 조영을 통해 새 지배세력 등장

남은 문제는 당시 고구려가 평지 성곽 조영을 통한 공간의 신분화를 기획했던 이유이다. 이때 주목할 것은 3세기 중반경부터 고구려 나부那部 세력, 즉 재지 기반 귀족들의 중앙귀족화가 시작되었다는 사실이다. 고대국가의 정치체제는 소국의 공동체적 유제를 간직한 채 재지 기반의 귀족, 이른바 나부의 장들이 모여 평의하는 귀족평의체제에서 초월적 왕권을 바탕으로 소국적·귀족평의적 전통을 극복한 대왕전제체제로 전환되어갔다. 고구려 역시 다르지 않았다. 비록 대왕의 등장은 4세기 이후에 이루어졌지만, 나부의 해체와 함께 나부 지배세력의 중앙귀족화는 3세기 중반부터 진행되었다. 단, 기존의 나부 지배세력이 모두 중앙귀족이 된 것은 아니었다. 기왕의 나부 지배세력 외에 새로운 세력이 중앙귀족으로 등장하기도 했다.

> [동천왕 20년(246)] 왕이 나라를 회복하고 논공論功했는데, 밀우密友와 유유紐由를 제일第一로 삼았다. 밀우에게는 거곡巨谷·청목공靑木谷을 하사했고, [유劉]옥(옥구屋句)에게는 압록鴨綠·두눌하원杜訥河原을 하사하여 식읍으로 삼게 했다. 유유는 추증하여 구사자九使者로 삼았고, 또 그 아들 다우多優를 대사자大使者로 삼았다(《삼국사기》 권17 고구려본기5).

이 기록을 통해 알 수 있듯 나부 출신이 아닌 새로운 세력들이 공훈의 대가로 관등과 함께 식읍을 받았을 뿐만 아니라, 유유와 다우의 사례처럼 전공에 따른 관은이 아들에게 세습되기도 했다. 전공 등 국가에 대한 공훈을 배경으로 왕권과 밀착함으로써, 새로운 지배세력으로서 중앙귀족에 합류할 수 있었던 것이다. 반면 기왕의 나부 지배세력 중 중앙귀족이 되지 못한 채 지방에 머문 경우도 있었다.

> [중천왕 4년(251)] [관나貫那] 부인이 그것을 듣고 해를 입을까 두려워, 도리어 왕에게 [왕]후를 참소하여 말하길, "왕후께서

항상 첩을 꾸짖으며 말씀하시길, '전사田舍의 딸이 어찌 이곳에 있을 수 있단 말이냐. 만약 스스로 돌아가지 않으면, 반드시 후회가 있을 것이다'라고 하셨습니다"라고 했다(《삼국사기》 권17 고구려본기5).

중천왕의 왕후와 소후인 관나 부인이 대립하는 와중에 관나 부인이 중천왕에게 왕후를 참소하는 기록이다. 이에 따르면, 관나 부인은 왕후로부터 '전사의 딸'이라는 모욕을 받았는데, 이때 주목되는 것이 바로 '전사'이다. '전사'는 곧 시골을 가리킨다. 관나부의 지배세력이 중앙귀족의 대열에 합류하지 못한 채 지방에 머물러 있었음을 유추할 수 있는 대목이다.

특히 위에 인용된 왕후의 말을 간과해서는 안 된다. 단순한 지역 차이를 넘어 비非전사와 전사 간의 신분적 계서화가 전제되어 있기 때문이다. 다시 말해, '중앙귀족 출신인 나는 되지만, 전사 출신인 네가 어디 감히'라는 중앙귀족과 전사 출신 간의 신분적 격차가 담겨 있는 것이다. 이러한 신분적 격차가 '전사'라는 공간으로 표현되었다는 점은 주목할 필요가 있다. '전사'에 대응하는 공간으로서 비전사, 즉 중앙귀족의 거주 공간을 상상할 수 있기 때문이다. 곧 집안 평지성이다.

만약 이러한 해석이 가능하다면, 3세기 중반에 축조된 평양성이 반드시 지금의 집안 평지성과 같이 두텁고 견고한 석성일 필요는 없다. 342년, 고구려는 전연의 침공에 대한 대비책의 일환으로 국내성을 축조했다. 이 국내성이야말로 현존하는 석성으로서 집안 평지성일 가능성이 크다. 단, 247년에 조영된 평양성의 성벽을 공유하는 가운데, 보다 두텁고 견고하게 새로 쌓음으로써, '수즙 修葺'이 아닌 '축축築'일 수 있었다.

이러한 가설을 뒷받침해줄 고고학적 증거로서 2000년에 조사된 집안 평지성 북벽이 주목된다. 보고에 따르면, 해당 부분의 성벽은 북쪽의 석축과 남쪽의 토축으로 구분되는데, 특히 남쪽 토축의 경우 토질이 다른 다섯 개의 층이 존재했다. 보고자는 다섯 개 층에서 출토된 토기 편들의 시간 차이를 확인할 수 없다는 점을 들어 남쪽의 토축 역시 석성이 축조된 4세기에 조성된 것으로 파악했지만, 달리 볼 가능성이 없지 않다.

우선, 북쪽의 석축과 남쪽의 토축이 일시에 축조된 것이 아닐 가능성을 열어둘 필요가 있다. 해당 토축 부분에서 출토된 토기 편 가운데 일부가 고구려 초기로 편년되는 오녀산성 3기 문화층과 건강 유적의 출토품과 비슷하다고 판단되었기 때문이다. 또한 고구려 시기 최소 한 차례의 수축이 이루어졌을 가능성도 있다. 성벽의 축조 방식을 북쪽은 석축, 남쪽은 토축으로 각기 달리했다는 점과 남쪽 성벽의 경우 토질에 따라 다시 다섯 개의 층으로 나뉜다는 점이 근거이다. 특히 북쪽 석축성벽의 축조가 4세기라면 남쪽 토축의 조성은 그보다 조금 앞섰을 것이라는 추정이었다. 이와 같은 집안 평지성 북벽의 정황을 고려하면, 3세기 중반에 야트막한 토축 담이 조영되었다가 채 백 년도 지나지 않아 전연의 침입에 대비하여 견고한 석축성벽으로 개축되었을 가능성이 없지 않다. 시차가 크지 않았고 전면적 개축이었기 때문에 다른 조사에서는 해당 부분과 같은 정황이 잘 드러나지 않았을 수 있다.

평지성 축조 연대는 3세기 중반설 유력

요컨대 고구려 도성 최초의 평지 성곽인 집안 평지성의 축조 연대는, 이견이 있긴 하지만 축조의 배경과 목적에서 비롯한 기능과 역할을 고려했을 때, 3세기 중반설에 무게를 둘 수 있다. 중요한 것은 기능이다. 중국의 전국 시기에는 시장과 화폐경제 등의 산업을 보호하기 위해 평지 성곽으로서의 '곽'이 등장했던 반면, 고구려의 평지 성곽은 일종의 내성으로서 군사 방어적 역할보다는 중앙귀족이 된 지배세력들의 거주 공간을 특권화하기 위한 공간의 신분화에 방점이 찍혀 있었다. 다시 말해, 집안 평지성은 경관 자체만으로 '중앙 귀족'과 '비중앙 귀족'의 신분적 구분을 재생산했던 것이다. 그리고 성 내부에서 향유된 권운문 와당으로 상징되는 고급 도시문화는 왕권의 신장에 따른 정치 권력의 집중 현상과 표리였다.

427년, 고구려는 평양으로 천도했다. 고구려의 전기 평양 도성에는 평지 성곽이 없었다. 그러나 성곽의 부재가 곧 경계의 부재

내지 공간의 평등화를 의미하지는 않는다. 여전히 고구려 도성은 배타적인 권력의 공간으로서 궁실 및 종묘 등을 내포해야 했기 때문이다.

이러한 권력의 공간에는 반드시 경계가 있게 마련이고, 나아가 그 경계는 선명하게 눈에 띌 필요가 있다. 권력은 스스로의 배타성을 분명히 드러냄으로써 공간을 서열화하고 그 지배질서를 재생산하는 속성을 지니고 있기 때문이다. 이때 주목되는 것이 바로 격자형 가로구획의 존재이다.

1990년대 초, 평양시 대성 구역의 청호동과 림흥동, 안학궁 서쪽 부근 총 세 지점에서 고구려 시기의 격자형 가로구획으로 추정되는 도로 유적이 발견되었다. 직교하는 도로들에 의해 만들어진 구획은 작은 것이 140미터, 큰 것이 280미터로, 크기나 강자갈로 포장한 조성 방식 등이 세 지점에서 공히 같았다. 특히 이 격자형 가로구획들의 위치가 1910년대 제작한 지형도의 도로들과 일치한다는 사실을 통해 대성산성의 남쪽, 대동강의 북쪽이라는 한정된 범위에 이른바 고구려 시기의 도시 유적으로 불리는 격자형 가로구획이 존재했다고 추정했다.

이에 대해 가로구획의 상세한 위치나 유구 도면이 공표되지 않아 존재 자체를 믿기 어렵다고 말하는 이들도 있다. 하지만 북한 학계의 현실적 조건을 고려하지 않은 채 미비를 이유로 존재 자체를 부정하는 것은 곤란하다. 물론 충분한 근거가 제시되지 않은 상태에서 보고만을 근거로 전기 평양 도성의 격자형 가로구획의

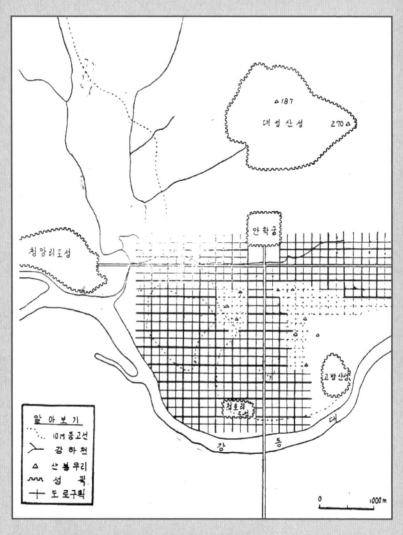

[그림 24] 고구려 전기 평양 도성의 격자형 가로구획 추정도
* 출처: 한인호·리호, 〈안학궁터 부근의 고구려리방에 대하여〉,
  《조선고고연구》 1991-4, 1991, 32쪽.

[그림 25] 대동강 고구려 다리 유적
강 북쪽의 청호동과 남쪽의 휴암동을 잇는 목재 다리 유적이다.
다리의 전체 길이는 375미터, 폭은 9미터로 추정된다.
* 출처: 東潮·田中俊明,《高句麗の歷史と遺迹》, 中央公論社, 1995; 박천수·이근우 옮김,
《고구려의 역사와 유적》, 동북아역사재단, 2008, 326쪽.

존재를 확정할 수는 없지만, 존재의 가능성을 열어둔 채 다각도로 검토할 필요가 있다. 이미 중국에서는 후한 대부터 격자형 가로구획의 존재를 확인할 수 있고, 전기 평양에서 도성을 조영할 때 참고했을 북위의 평성 등에서도 격자형 가로구획은 확인되기 때문이다.

한편, 근거는 부족하더라도 가로구획의 존재를 인정할 수 있다면, 조성 연대는 안학궁 축조 연대에 따라 고구려 말기 이후일 것으로 비정하기도 한다. 추후 상세한 보고를 기대하면서 현시점에서 가능한 추론을 시도한 것이지만, 가로구획의 연대가 반드시 안학궁의 축조 연대와 같을 필요는 없다. 관련 보고에 따르면, 가로구획이 안학궁 유적과 직접 연결되지는 않기 때문이다. 격자형 가로구획의 연대와 관련해서는 오히려 다음 기록을 주목할 필요가 있다.

> 의희義熙 9년(413년, 신라 실성왕 12년) 계축에 평양주平壤州에 큰 다리를 지었다(《삼국유사》 권1 기이紀異2 제십팔실성왕第十八實聖王).

이 기록에 등장하는 평양은 대체로 경기도 양주楊州로 비정되는데, 이 비정에는 지금의 평양은 당시 신라 영역이 아니었다는 사실이 전제되어 있다. 그러나 당시 신라의 실성왕과 복호가 각각 392~401년, 412~418년에 질자로서 고구려에 머물렀다는 사

고대 도성, 권력으로 읽다 ──●

실을 고려하면, 위의 평양을 지금의 평양으로 보더라도 크게 무리가 없다. 실성왕과 복호 관련 기록들이 신라에 전해지면서 당시 고구려의 실상을 전하는 기사가 삽입되었을 수 있기 때문이다. 이에 따라 1980년대 초에 발견된 대동강의 고구려 다리 유적을 위의 기록에 등장하는 413년에 완공된 큰 다리로 보기도 한다. 만약 그렇다면 청호동에서 발견된 격자형 가로구획이 이 다리와 직결된다는 발굴보고의 언급은 간과하기 어렵다. 이를 통해 곧 청호동의 격자형 가로구획이 413년에 완공된 대동강 다리와 조성 연대가 비슷하다는 추정이 가능하기 때문이다. 게다가 이는 고구려가 평양으로 천도하기 이전부터 대성산성과 대동강 사이의 평지에 새로운 도시를 조성하고 있었다는 뜻이기도 하다.

격자형 가로구획의 다양한 기능

여기서 다시 주목할 것은 격자형 가로구획의 기능이다. 격자형 가로구획은 동서고금에 보편적으로 나타나는 도시 구조로서, 그 특징은 크게 다섯 가지로 정리된다. 첫째, 가장 초보적인 측량 기구 및 기술로 구획/배치가 가능하다. 둘째, 토지의 배분/소유 및 조세 부과에 편리하다. 셋째, 도시 계획의 기본적인 패턴을 변경하지 않고 시가를 확장할 수 있다. 넷째, 방형의 건축물을 가장 쉽게 수용할 수 있다. 다섯째, 군사적·정치적 지배에 가장 유리하다. 이 가운데 특히 두 번째 특징과 관련하여, 비록 후대의 자료이지만 7~8세기의 일본과 당唐의 사례를 참고할 필요가 있다.

우대신右大臣에게는 택지宅地 4정町, 직광이直廣貳 이상은 2정町, 대삼大參 이하에게는 1정町을 하사한다. 근근勤 이하 무위無位까지는 호구戶口에 따른다. 그 상호上戶는 1정町, 중호中戶는 반정半町, 하호下戶는 4분의 1[정町]을 하사한다. 왕들도 이에 준한다(《일본서기日本書紀》 권30 지통持統 5년 12월 무술삭 을사).

나니와경難波京의 택지宅地를 반급班給하는데, 3위位 이상은 1정町 이하, 5위位 이상은 반정半町 이하, 6위位 이하는 4분의 1정町 이하로 한다(《속일본기續日本記》 권11 천평天平 6년 9월 신미).

이 두 기록은 각각 691년의 후지와라경藤原京, 734년의 나니와경難波京에서 관위에 따라 택지 면적을 차등적으로 나누어준 사실을 전한다. 이를 통해 알 수 있듯이, 격자형 가로구획으로 마련된 택지는 신분이 아닌 관위를 기준으로 차등 반급되었다는 것이 특징이다. 이를 통해 격자형 가로구획은 관위를 가진 지배계급과 이를 지탱하는 중하급 관료군의 거주지를 일정한 계획성 아래 배치한 도시 설계 방식이었다고 해석하기도 한다.

다음으로, 당 장안성의 경우, 《장안지長安志》와 《양경신기兩京新記》, 《당양경성방고唐兩京城坊考》 등에 기록된 친왕 및 관료들의 택

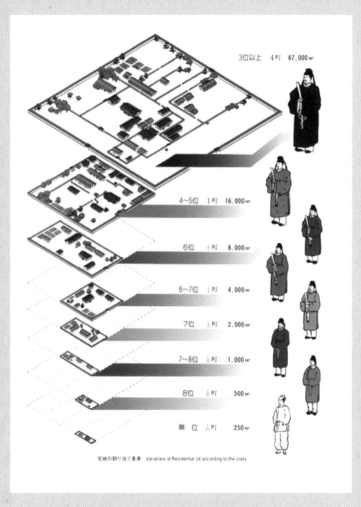

[그림 26] 일본 헤이안경平安京의 택지 반급
* 출처: 奈良国立文化財研究所·朝日新聞大阪本社企画部 編,
《平城京展: 再現された奈良の都》, 朝日新聞大阪本社企画部, 1989, 28쪽.

지 위치와 면적을 통해 관품에 따른 택지의 규모를 추정한 연구들이 주목된다. 이에 따르면, 시기에 따라 차이는 있지만, 당초唐初의 경우 대체로 친왕 및 1품에게 4분의 1방坊 규모의 택지를 분급하고, 2품에게 8분의 1방, 3품에게 16분의 1방, 4품에게 32분의 1방 등 9품까지 택지를 차등 분급했다고 한다.

한편, 택지 분급의 사례는 아니지만, 관등에 따라 말 목장을 차등 분급했던 신라의 사례와 무덤의 형식과 규모, 축조 재료 등에 차등을 두었던 백제의 사례도 참고된다.

[문무왕 9년(669)] 말 목장을 나누어 주니, 모두 174곳이었다. 소내所內에 22곳, 관에 10곳을 속하게 하고, [김]유신金庾信 태대각간太大角干에게 6곳, [김]인문金仁問 태각간太角干에게 5곳, 각간角干 7명에게 각각 3곳, 이찬伊湌 5명에게 각각 2곳, 소판蘇判 4명에게 각각 2곳, 파진찬波珍湌 6명과 대아찬大阿湌 12명에게 각각 1곳씩을 주었으며, 이하 74곳도 적절하게 내려주었다(《삼국사기》 권6 신라본기6).

위의 기록은 신라 문무왕이 관료들에게 말 목장을 내려주며, 관등에 따라 태대각간 6곳부터 대아찬 1곳에 이르기까지 차등을 두었던 사실을 전한다. 이를 근거로, 신라 왕경의 격자형 가로구획역시 차등적 택지 분급의 수단으로 추정하기도 한다. 또, 규격화된백제 후기의 묘제는 크게 4등급으로 구분되는데, 관식冠飾 등의 출토유물을 토대로 추정하면, 1등급 묘제는 제4품(덕솔德率) 이상, 2등급 묘제는 제6품(나솔奈率) 이상, 3등급 묘제는 제11품(대덕對德) 이상, 4등급 묘제는 제12품(문독文督) 이하가 주로 채택했다고 한다. 죽음의 공간에 차등 규격이 존재했다는 사실은 백제인의 삶의 공간도 마찬가지였을 것이라는 추정으로 이어진다.

비록 자료는 남아 있지 않지만, 동서고금에서 활용된 격자형 가로구획의 특징을 염두에 두면서 위에서 확인한 당과 일본, 백제와 신라의 사례를 방증 삼아, 고구려의 격자형 가로구획 역시 관료사회의 공간 구현과 무관하지 않았다고 추측하는 것은 무리일까. 다시 말해, 장수왕 대 평양 천도가 대왕전제체제로의 효율적 전환을 위한 수단이었다는 해석은, 경관을 통해 중앙귀족의 특권을 보여줬던 평지 성곽의 부재와 대왕 전제화의 기반으로서 관료를 상징하는 격자형 가로구획의 존재를 통해 다시 한번 증명된 것은 아닐까.

요컨대 평양 천도 전후 고구려 도성 경관의 차이는 다음과 같이 정리할 수 있다. 왕릉급의 초대형 고분을 대신한 불교사원의 밀집, 평지 성곽을 대체한 격자형 가로구획의 마련이다. 이러한 경관의 변화는 고구려가 추구했던 새로운 체제, 즉 대왕전제체제와 관련이 있다. 초월적 왕권과 귀족의 관료화를 기반으로 하는 대왕전제체제에는 첫째, 대왕을 초월적 존재로 격상시키는 통치이념으로서 불교와 둘째, 귀족을 관료화시키는 통치 시스템으로서 율령이라는 두 축이 있었다. 즉 평양 천도에 따른 도성 경관의 변화는 율령을 바탕으로 한 관료제와 대왕 정점의 지배질서로서 불교 세계를 공간적으로 구현한 결과였다.

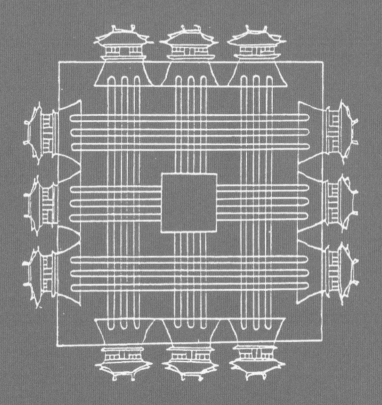

05

높은 담벼락만큼이나
강화된 주민 통제

||| 1 |||
방과 내성을 담과 성벽으로 구분

H는 '고도'의 상인이다. 그는 인근 마을의 가마에서 생산된 그릇을 들여와 '고도'의 시장 안에 있는 점포에서 판다. 마침 오늘은 제품이 들어오는 날이다. 눈을 뜨자마자 H는 아침밥을 챙겨 먹고 집을 나선다. 아침 일찍 도착한다는 연락을 받았으니, 가게에 일찍 나가 봐야 한다. 집 앞 골목을 나와 큰길을 따라가 방문坊門 앞에 선다. 곧 밤새 걸어 잠갔던 문을 열 시간이다.

몇 년 전인 '고기 500년', 재개발된 '고도'는 바둑판 구획에 높은 담을 둘렀다. 말이 담이지 웬만해선 뛰어넘을 수 없는 성벽이다. 몇 차례의 전쟁에서 이기면서 엄청난 이민족들이 '고도'로 이주해 들어왔고, 그와 동시에 도시 빈민이 늘어나면서 도난이나 상해 같은 사건 사고가 끊이지 않았다.

나라에서 치안 유지라는 명목으로 '고도'를 재개발하면서 바둑판 구획의 경계를 따라 높은 담을 쌓고 밖으로 통하는 문은 몇 개만 냈다. 구획은 하나의 세계이다. 새로운 법도 생겼다. 담으로 둘러싸인 구획은 방坊이라고 하고, 방의 담을 함부로 훼손해선 안 되며, 늦은 밤에는 관리가 문을 걸어 잠근다. 구획 내부에서는 비교적 자유롭지만, 구획 밖으로 나가기 위해서는 관리의 허락을 받아야 한다. 잠겼던 문은 아침에 열린다. 지금이 그 시간이다. H는 방에서 나와 시장으로 향한다.

오늘 들어오는 그릇 중 일부는 오후에 곧바로 내성에 위치한 고관의 집에 납품될 예정이다. H에게는 놓칠 수 없는 중요한 고객이다. 그래서 직접 그 집까지 물건을 전달할 계획이다. 수레에 짐을 가득 싣고 내성으로 출발한다. '고도'의 내성도 몇 년 전 재개발 때 생겼다. 재개발 전에도 궁실에 가까운 구획들에는 주로 고위 관료나 대귀족들이 거주하긴 했지만, 지금은 아예 그들이 사는 구역과 그 바깥 구역을 나누는 성벽이 가로놓였다. 성벽 안쪽에는 주로 중요한 관청과 고위 관료 및 귀족들의 집이 자리한다. '고도'에서는 이곳을 내성이라고 부르고, 바깥을 외성이라고 부른다. 내성과 외성을 구분하는 성벽에는 몇 개의 문이 나 있고, 문을 통과하기 위해서는 검문을 거쳐야 한다. 당연히 구걸하는 자들은 통과하지 못한다. 구획에 높은 담을 세울 때와 마찬가지로, 내성과 외성의 구분은 명목상으로는 치안 유지를 위한 조치였다.

검문을 거쳐 내성으로 들어온 H는 고객의 집에 물건을 잘 전달한다. 고객은 값을 치르면서 H에게 뜻밖의 말을 한다. 옆 나라의 도성 I로 가는 사신단에 동행하여 그릇 수입 사업에 참여하는 것이 어떻겠냐는 제안이다. I의 고급 그릇들은 '고도'의 최신 유행 제품이다. H가 마다할 이유가 없다. 평소 고객관리에 신경 쓴 덕을 본다. H가 맡은 임무는 그릇 전문가로서의 안목을 발휘하는 일이다. 지체 높은 '고도'의 관료들이 I의 관리들이나 상인들에게 어수룩하게 속아서 질 낮은 제품을 비싼 값에 사올 수는 없는 노릇이다.

사신단을 따라 I로 간 H는 고관 일행과 떨어져 시장조사에 나선다. I의 번잡스러움에 놀라며, 서쪽 시장과 동쪽 시장을 이리저리 돌아다니던 그는 문득 목이 마르다. '가만 있자, 물을 마실 만한 데가 어디 있으려나.' 습관적으로 그는 고개를 들어 고층 불탑을 찾는다. 그는 가까이 보이는 불탑을 향해 걷기 시작한다. 큰길로 난 큰 문 말고, 골목으로 난 다른 작은 문을 찾는다. '고도'의 불교사원에서도 큰 문으로는 신분 높은 귀족들이 드나들고, H 같은 신분 낮은 자들은 골목으로 난 작은 문을 사용했기 때문이다. 아니나 다를까, 여기에도 그런 작은 문이 있다. 안으로 들어서니 마침 행인들을 위한 음수대와 화장실이 보인다. '온 김에 목도 축이고, 걱정도 덜자.' 볼일을 마치고 다시 길을 나서다가 H는 놀란다. 동시에 깨닫는다. 말도 통하지 않는 이곳에서 지도도 없이 자신이 이 도시를 잘 돌아다니고 있다는 사실을.

몇 가지 익숙함 때문이다. 쭉쭉 뻗은 대로가 직각으로 교차하는 바둑판의 도시, 미로 같은 바둑판에서 길 찾기의 필수인 마루지 고층 불탑, 짐수레의 바퀴 자국이 나 있는 길과 그렇지 않은 길, 무엇보다도 구획을 두르고 있는 높은 담벼락과 H 같은 외국 상인들은 함부로 들어갈 수 없는 저 안쪽의 내성. H와 헤어지기 전, 고관이 귀띔해주긴 했다. '고기 500년'에 '고도'를 재개발할 당시 I가 중요한 참고 대상이었으니, 아마 처음 왔더라도 혼자 잘 여행할 수 있을 정도로 비슷할 거라고. H는 벌써 '고도'로 돌아가 이곳에서의 무용담을 펼칠 생각에 설렌다.

'고도'로 돌아온 H에게는 새로운 버릇이 생긴다. '고도'라는 도시를 관찰하며 기억 속의 I와 자꾸 비교하는 것이다. 그러면서 이전에는 몰랐던 '고도'의 특징들도 포착한다. 먼저, 규모 면에서 '고도'는 I보다 훨씬 작다. 전체 크기뿐 아니라 바둑판 구획 하나의 크기도 조금 작은 것 같다. 또 구획을 두른 담의 높이와 방식도 다르다. 고향이라서 그런지 H는 '고도'가 더 사람 냄새나는 살 만한 곳이라고 생각한다. 또 I는 주작대로라고 불리는 폭넓은 직선 도로를 기준으로 좌우 대칭의 도시이지만, '고도'는 주작대로 자체가 몇 번 꺾여서 대칭을 이룰 수 없다. 그렇다고 주작대로가 한쪽으로 치우친 것은 아니다. 아마 '고도'는 주변이 산으로 둘러싸여서 면적 자체가 넓지 않은데다가, 500년이 넘은 오래된 도시라서 옛 모습이 어느 정도 남아 있기 때문이라고 H는 짐작한다.

좀 더 집중해서 기억을 더듬어보니 짐수레 바퀴의 폭도 다르다. H가 '고도'에서 사용하는 짐수레의 양쪽 바퀴 사이의 길이는 딱 다섯 발짝인데 I의 짐수레는 여섯 발짝 반 정도였다. 그래서인지 골목길이나 큰길의 폭도 달라 보인다. 어쩐지 이번에 H가 I에서 들여온 수입 그릇을 담은 상자들도 H의 가게 선반에 딱 안 들어가더라니.

통제가 1차 목적

H는 이런 비교에 그치지 않는다. 왜 '고도'와 I는 비슷한 걸까. 의문을 품는다. 왜 '고도'는 I를 따라 담을 짓고 외성과 구분되는 내성을 만들었을까. 생각해보니 저 담과 내성벽의 기능은 통제뿐이다. 관리들이 담과 성벽에 난 문을 관리하면서 안팎을 출입하는 사람과 시간을 통제하는 것이 거의 유일한 기능이라는 생각이 든다.

H는 무섭다. 저 고귀하고 신성한 분들이 왜 이리도 본인 같은 천한 아랫사람들을 통제하려고 하는지 의아하다. 며칠 전에는 너무 궁금한 나머지 단골 고객인 그 고관에게 찾아가 물었다. 고관은 "풍속을 정제하기 위해서, 치안을 유지하기 위해서, 사회질서를 유지하기 위해서"라고 대답했지만, 그 이상의 질문은 받지 않았다. 시원한 대답은 아니었다. 저 담과 성벽이 있어도 '고도'에는 매일같이 사건 사고가 끊이지 않았고, 구금시설에는 흉악범이 가득했다. 담과 벽을 세우기 이전과 무엇이 달라진 것일까.

격자형 가로구획에 의한 서열의 시각화

격자형 가로구획은 단순히 도성 내부의 도로를 어떻게 정비하는
지, 관료들에게 택지를 어떻게 지급할 것인지의 문제로만 설명될
수 없다. 도성민을 감시하고 통제할 뿐만 아니라, 국가와 인민, 나
아가서는 지배자와 피지배자가 어떻게 서열화되는가를 시각적·
형식적으로 명확히 보여주는 수단이자 자연스럽게 자신의 신분
적 위상을 자각해 신분제에 순응하도록 하는 장치로 평가될 수 있
다. 특히 격자형 가로구획의 출발이 《주례》 고공기 장인영국조라
는 점은 잊으면 안 된다.

> 장인匠人은 국國을 건설한다. 방方 9리里이고, 방旁마다 세 개
> 의 문門을 둔다. 국중國中에는 아홉 개의 경經[남북으로 난 길]
> 과 아홉 개의 위緯[동서로 난 길]를 두는데, 경의 너비는 9궤軌

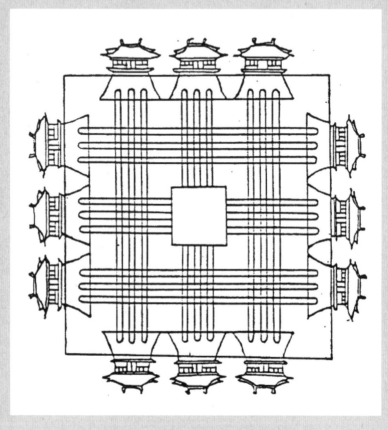

[그림 27] 삼례도三禮圖 주왕성도周王城圖

북송대北宋代 섭숭의聶崇義가《주례》고공기 장인영국조에 따라
주의 왕성을 상상하여 그린 그림이다.

* 출처: 賀業鉅,《考工記營國制度研究》, 中國建築工業出版社, 1985; 윤정숙 옮김,
《중국 도성제도의 이론》, 이회문화사, 1995, 84쪽 재인용.

이다(《주례》동관고공기6 장인영국).

물론 이 내용은 전국 말, 한 초에 확립된 이래 당 장안성까지
이어지는 동안 상당한 변용을 거치지만, 기본적인 도성 계획의
모델이었다는 점에는 의심의 여지가 없다. 궁궐 및 시장의 위치
에 파격이 있을지언정, 격자형 도로를 매개로 하여 공간을 구획
하고 그 공간을 예적 질서에 따라 배치한다는 점에서는 같기 때문
이다.《주례》가 한대 이래의 지배질서인 유학의 이상적 예제를 담
고 있다는 점을 주목하면,《주례》를 모델로 한 도성 계획이야말로
이상적 예적 질서의 공간적 구현으로 이해할 수 있다. 다시 말해
격자형 가로구획의 출현은 한대 이래 권력자들의 지배질서로서
예제와 무관하지 않은 셈이다. 격자형 가로구획이 지배질서로서
의 예제를 구현한 것이라면, 그 범위는 이상적 예제가 구현된 공
간일 수 있기 때문이다.

예란 무엇인가.《예기禮記》에 나와 있듯이, "무릇 예란 친소親疏
를 확정하고 의심스러움을 결정하며 같고 다름을 구분하고 옳고
그름을 밝히는 것"이다. 그렇다면 예는 단지 의식을 집행하는 도
구가 아니라 권력의 범주를 규정하는 기본 원칙일 수 있다. 그리
고 소수에게 집중된 권력이 다수의 사회구성원에 대한 인격적인
차등을 설계하고 그것을 신분적으로 사회화하는 것이 곧 한대 이
래의 예적 질서라는 점을 인정한다면, 예제의 본질은 결국 사람
의 구별일 수 있다. 그런 예적 질서가 구현된 공간으로서 도성의

격자형 가로구획이야말로 폐쇄적이고 차등적인 신분제를 재생산하는 장치일 수 있었다. 격자형 가로구획의 등장은 사람을 구별하는 공간의 등장에 다름아니었다.

고구려의 장안성 이도移都 배경

586년, 고구려는 다시 전기 평양 도성을 떠나 장안성長安城으로 이도移都했다. 552년에 축조되기 시작한 장안성은 성벽의 총 둘레가 16킬로미터이고, 북쪽으로 산을 끼고 동남쪽으로 대동강, 서쪽으로 보통강이 둘러 있다. 고구려가 전기 평양 도성에서 10킬로미터도 채 떨어지지 않은 장안성으로 천도한 배경으로 여러 가지 요인이 지적되어왔다.

6세기 초부터 비약적으로 성장한 신라의 북상에 따른 위기의식의 발로 내지 국내 방비체제의 강화로 해석하거나, 신라 북상

[그림 28] [그림 29] 고구려 장안성 평면도
* 출처: [그림 28] 서울대학교박물관·동북아역사재단,
  《하늘에서 본 고구려와 발해》, 서울대학교박물관·동북아역사재단,
  2008, 67쪽 재인용; [그림 29] 기경량, 〈고구려 평양 장안성의 외성 내 격자형 구획과 도시 형태에 대한 신검토〉, 《高句麗渤海研究》
  60, 2018, 245쪽.

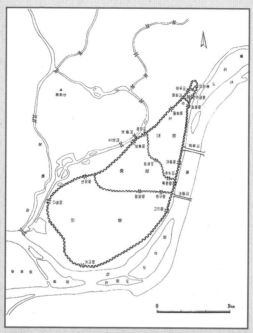

의 반작용으로서 고구려의 적극적인 한반도 남부 경영 의도의 반영으로 파악하기도 했다. 6세기 중엽 서북 방면에서 세력을 키운 돌궐突厥(Turk)의 존재 또한 천도의 배경으로서 간과할 수 없는 요인이었다. 장안성 축조와 이도의 국제적 조건이었다.

한편, 당시 고구려의 국내 정치 상황이 적극 고려되기도 했다. 대규모 정쟁을 통해 즉위하여 정국을 안정시킬 필요가 있던 양원왕이 중앙 정치세력의 재편을 위한 정국 전환용으로 천도를 택했다는 설명이었다. 나아가 평원왕 대 본격적으로 축조되기 시작한 장안성은 북위 낙양성 도성 체제의 적극적인 수용을 통해 성 내부에 좌북조남식 도성 구조와 질서정연한 격자형 가로구획을 마련함으로써, 효과적 주민 통제 및 위계적 지배질서를 도모했다고 해석될 수 있었다. 장안성 축조와 이도의 국내적 조건이었다. 천도의 배경을 어느 하나로 특정하기는 어렵다. 위에서 언급된 국내외적 조건들이 모두 천도의 직간접적 요인으로 작용했을 것이다.

단, 천도의 주체는 권력이고, 따라서 계획적으로 새롭게 조영된 도성의 경관에는 권력의 기획과 의도가 반영되었을 것이라는 점을 염두에 두면서, 전기 평양 도성과 장안성 간 경관상의 차이를 선명히 할 필요가 있다. 이미 전기 평양 도성에는 없었던 경관으로서 장안성의 격자형 가로구획을 강조함으로써 권력에 의한 신분질서의 공간화를 지적하기도 했지만, 앞서 확인했듯이 전기 평양 도성에도 격자형 가로구획의 존재를 인정할 수 있다면 양자 간 경관의 차이가 무의미해질 수 있다.

고대 도성, 권력으로 읽다 ━━●

평지 성곽의 재등장

전기 평양 도성과 장안성 간 경관의 차이를 분명히 드러내기 위해 주목할 것은 장안성에 새롭게 등장한 평지 성곽의 존재이다. 전기 평양성에서 세우지 않았던 평지 성곽을 장안성에서 다시 축조한 이유는 무엇일까. 어쩌면 그것이 북위 낙양성의 도성 체제를 수용했던 이유이자 천도의 배경 중 하나일지도 모른다.

우선 장안성 평지 성곽의 역할을 확인할 필요가 있다. 중앙귀족의 권력 공간을 가시화하는 기능이었던 집안 평지성의 평지 성곽과 마찬가지로, 장안성의 평지 성곽 역시 격자형 가로구획의 경계와 일치함으로써 권력의 공간을 둘러싸고 있었다. 단, 분명한 차이가 있는데, 장안성은 성벽이 그 권력 공간의 내부를 다시 구분하고 있다는 점이다.

장안성은 세 개의 성벽이 성 내부를 가로질러 네 구역으로 구분된다. 흔히 북쪽부터 북성과 내성, 중성 그리고 외성으로 부르는데, 대체로 내성은 궁성, 중성은 관아시설과 귀족의 대저택, 외성은 일반 거주 구역과 수공업시설, 그리고 북성은 궁성의 별궁이나 후원 혹은 방어성 등으로 추정하고 있다. 내성과 북성은 각각 궁성과 궁성의 부속시설이므로, 성벽의 존재가 특별히 해석될여지가 적다. 문제는 중성과 외성 사이를 가로지르는 성벽의 존재이다.

중성과 외성 사이의 성벽을 둘러싼 의문

중성과 외성 사이에 있던 성벽의 축조 시점에 관해서는 이견이 있었다. 성벽의 아래에서 발견된 고구려 시기의 건물 초석을 근거로 해당 성벽이 고려 시기 이후에 축조되었을 것이라고 추정하는 견해가 제기되었다. 중성 내부에서 외성의 가로구획과 연결되는 격자형 가로구획이 발견되자 고구려 시기에는 해당 성벽이 없었다고 판단하기도 했다. 중성의 존재를 부정한 셈이다. 그런데 오히려 성벽 아래에서 발견된 건물 초석을 고구려 시기의 성문 유적으로 판단함으로써 해당 성벽의 축조 시점을 고구려 시기로 볼 수 있다는 반론이 제기되었다. 또한 중성과 외성의 가로구획 사이에 5도가량의 각도 차이가 있다는 견해도 제시되었다. 이에 따라 현재로서는 중성과 외성을 구분하는 성벽의 존재를 부정하기 어렵다.

중성과 외성을 나누는 성벽의 존재를 인정한다면, 장안성 경관의 두드러진 특징은 전기 평양 도성에서는 볼 수 없었던 내부 공간의 분리이다. 장안성에서 이런 물리적·공간적 구분이 시도된 이유는 무엇일까. 혹시 이러한 차이가 바로 장안성 천도의 배경과 관련이 있을 가능성은 없을까.

관련 자료가 없어 참고할 수 있는 것은 고구려가 장안성 축조의 모델로 삼았던 북위 낙양성의 사례뿐이다. 북위 낙양성은 이후 동아시아 도성의 모델이 되는 당 장안성의 원초적 형태라는 점에서 동아시아 도성사에서 매우 중요한 위치를 차지한다. 태극전

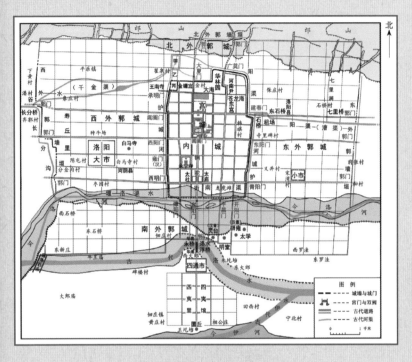

[그림 30] 북위 낙양성 평면 복원도

* 출처: 錢國祥, 〈北魏洛陽外郭城的空間格局復原研究〉, 《華夏考古》 2019-6, 2019, 74쪽.

太極殿의 등장, 방장제坊墻制와 조방제條坊制의 완성, 궁성을 도성의 북쪽에 배치하는 북궐형北闕型의 성립, 좌북조남座北朝南, 좌묘우사左廟右社의 배치 규정을 동반하는 남북중축선南北中軸線의 확립 등이 북위 낙양성의 특징이다. 단, 성벽에 의한 도성 내부 공간의 구분과 관련해서는 다음 자료가 주목된다.

> 근래 북도北都(평성平城)의 부유한 집들은 다투어 서로 제택第宅을 뽐내고 있습니다. 지금 이로 인하여 천사遷徙하니, 마땅히 금약禁約을 펼쳐서 귀천에는 법칙이 있으니 그 규제를 넘을 수 없도록 하고, …… 관서에는 구별이 있으니 [그로부터] 사민四民이 달리하여 살도록 해야 합니다(《위서魏書》 권60 열전 48 한현종韓顯宗).

이 자료는 493년 북위가 평성을 떠나 낙양으로 천도할 즈음 한현종韓顯宗이 낙양 천도에 관해 올린 상서 중 일부이다. 여기서 그는 평성의 무분별함을 비판하면서 낙양에서는 신분에 따라 주택을 규제하고 사민四民의 거주 공간과 구분되는 관서官署 지구를 조성해달라고 요청했다. 그가 낙양 천도를 통해 기대했던 효과는 관민官民의 구분이었다. 효문제는 그의 의견을 받아들여 낙양 천도를 기획하고 도성 조영 계획을 세울 때 내성과 외성을 구분한 뒤 내성에 관서들을 밀집시켰다. 공간을 가로지르는 성벽으로 궁성-내성-외성을 구분한 것이다. 여기에서 내성과 외성의 구분은 곧 관민의 구분이었다.

관민의 구역을 구분했던 장안성

고구려 장안성의 경우도 다르지 않았다. 장안성의 중성은 민民의 거주 구역이었던 외성과 구분되는 관서 밀집 구역이었기 때문이다. 고구려 지배 권력 역시 북위와 마찬가지로 새롭게 조영된 장안성의 경관을 통해 관민의 구분을 시도했음을 알 수 있다. 전기 평양성에는 격자형 가로구획은 마련되었더라도, 관민의 구분을 위한 공간 분리는 없었다. 그렇다면 지배 권력이 관민의 공간적 구분을 통해 얻으려 했던 구체적인 효과는 과연 무엇일까. 비록 후대의 기록이지만 수당 장안성의 사례가 참고 된다.

> 양한兩漢 이후 도성에는 인가人家가 궁궐 사이에 함께 있었는데, 수 문제는 [이를] 맡은 일을 집행하는 데 불편하다고 여겨, 이에 황성皇城 안에 오직 부시府寺만을 배열하여 [인가人家와] 잡거하지 않도록 했으니 공사公私에 분별이 있게 되고 풍속이 정제되었다(《장안지도長安志圖》 권상).

이 자료를 통해 알 수 있듯 관민의 분리는 맡은 일을 집행할 때 발생했던 불편을 해소하기 위해, 즉 정사政事의 효율적 처리를 위해 실시되었다. 그 효과는 공사公私의 분별과 풍속의 정제 두 가지였다. 이때 풍속은 궁성이나 관서지구의 풍속이 아니라 민의 거주 구역으로서 외성의 풍속이며, 풍속이 정제되었다는 것은 민심이 불안하지 않고 치안이 제대로 유지되었음을 의미한다. 즉 북위 낙양성과 고구려 장안성, 수당 장안성에서의 관민 구분은 정사 집행의 편의와 공사의 분별 그리고 치안의 유지를 얻기 위한 것이었다. 관민의 구분이 갖는 이 세 가지 기능을 '비非' 권력의 언어로 바꿔 말하면, 바로 '주민 통제'이다.

만약 이러한 관민의 공간적 구분이 주민 통제의 효과를 바란 것이었다면, 그 구분과 함께 북위에서 처음 등장한 방장제를 간과할 수 없다. 방장제는 격자형 가로에 의해 구획된 방坊에 높은 담장을 두른 것으로, 유목 생활을 하던 선비 탁발족이 중원에 들어와 정복국가를 세우는 과정에서 피정복민이나 이주민들을 통제·장악하기 위한 수단으로 마련된 북위 도성의 특징이었기 때문이다. 따라서 격자형 가로구획과 방장제는 구분될 필요가 있다. 앞서 지적한 대로 격자형 가로구획이 관료에 대한 택지 분급의 편의를 위해 후한 대에 등장했다면, 거기에 높은 담을 두른 방장제는 북위 대에 주민 통제를 위해 마련되었기 때문이다. 이러한 방장제는 이미 북위 평성에서 시작되었다.

주민 생활까지 통제한 방장제坊墻制

[북위의] 곽성郭城은 궁성 남쪽을 둘렀는데, [그 안쪽은] 남김
없이 방坊을 쌓았고, 방坊은 거리로 [문을] 냈다. 방坊 중 큰 것
은 4~5백가를 수용하고, 작은 것은 60~70가를 [수용한다.]
방坊을 닫을 때마다 수검搜檢하며, 이로써 간교奸巧를 방비한
다(《남제서南齊書》 권57 열전제38 위로魏虜).

북위 평성의 방장제를 묘사한 위의 기록은 방장의 주요 기능이
방을 통제하고 수색·검열하여 간교한 자들의 책동에 대비하는 것
이었음을 알려준다. 관민의 구분과 마찬가지로, 주민 통제를 위한
것이었다. 방장제의 주민 통제 기능은 방정坊正의 존재를 통해 보
다 구체화될 수 있다. 비록 후대이지만, 당 장안성의 방坊에는 방정
坊正을 한 명씩 두었는데, 그들의 역할은 방문坊門의 열쇠를 관리하
는 것과 더불어 비행을 독찰하는 것이었기 때문이다. 특히 방문의
자물쇠와 열쇠를 관리하거나 방문의 개폐 시간을 준수하는 등의
임무는 리정里正 등 다른 시대, 다른 행정 단위의 관리 업무와는 구
분되는 방정만의 고유 업무였다. 바꿔 말해서 방장제는 주민 편제
뿐 아니라 그들의 생활까지도 통제했던 것이다.

현재까지 고구려 장안성의 격자형 가로구획에서 높은 담의 흔
적은 발견되지 않았다. 앞으로의 발굴조사를 기대할 수밖에 없
다. 다만, 재령강 상류 유역 신원의 장수산성 남쪽에서 조사된 이

[그림 31] [그림 32] 당 장안성 및 방장 복원 모형

중국 섬서성陝西省 서안西安 서안박물원西安博物院에 조성된 당 장안성 복원 모형이다.
질서정연한 격자형 가로구획과 각 방坊을 둘러싼 담장의 모습을 알 수 있다.
당 장안성의 남쪽의 방들은 주민들에게 공급될 채소밭으로 활용되기도 했다.
* 출처: 권순홍.

른바 도시 유적에서 직각으로 교차하는 돌담 또는 흙담들에 의해 정연하게 구획된 흔적이 남아 있다는 사실을 주목할 필요가 있다. 특히 이 지역에서 서로 120미터 사이를 두고 너비 2.6미터 혹은 4미터의 고구려 시기 평행 도로시설이 발견된 사실을 근거로 이곳을 격자형 가로구획이 실시된 고구려 삼경三京 중 하나인 한성漢城으로 비정할 수 있다면, 위의 돌담 또는 흙담에 의해 정연하게 구획된 흔적은 고구려 삼경에서 공히 실시된 방장제의 흔적일 수 있기 때문이다. 물론 이 담들이 방장으로 해석될 만큼 높거나 방문을 통제할 수 있는 구조였는지에 대해서는 자세한 발굴보고가 나와야 알 수 있다. 하지만 지금까지도 돌담의 흔적이 남아 있다면, 일반 민가에 의한 사적 건축이 아니라 국가 권력에 의한 공적 시설일 가능성이 크다고 볼 수 있다.

정리하면, 전기 평양 도성과 구분되는 장안성 경관의 특징은 두 가지였다. 하나는 도성 내 성벽에 의한 관민의 공간적 구분이고, 다른 하나는 비록 추정이지만, 높은 담을 통한 방장제의 시행이다. 언급한 대로 양자가 북위 낙양성 이래 주민 통제를 위한 수단이었다는 점을 인정한다면, 고구려가 장안성 천도를 통해 바랐던 효과 역시 주민 통제의 강화일 수 있었다.

강조하고 싶은 것은 고구려 장안성의 도성 경관이 북위 낙양성의 영향을 받았다는 사실 자체가 아니라, 경관 변화의 이면에 주민을 효율적으로 통제하고자 하는 지배 권력의 의도를 북위와 고구려가 공유했다는 사실이다.

668년 9월, 장안성의 문을 열어 적을 들이는 순간
고구려 지배 권력의 풍경은 무너졌을지언정,
통제에서 벗어난 삶의 풍경은 이어졌으리라.

'고도'는 가상의 마을이다. 자료가 부족해서 할 수 없었던 이야기를 내 마음대로 하고 싶어서 만들어낸 가상의 마을이다. 그래도 완전한 허구로 만들고 싶진 않아서, 이름도 '고도古都'라고 짓고 고구려를 중심으로 하는 논증들을 덧붙였다. 백제와 신라 등 다른 사례들도 포함되었다면 더욱 풍성해졌겠지만, 능력 밖이었다.

주로 권력에 의한 도성 경관의 생산에 초점을 맞추어 서술했지만, 사실 바람은 권력의 운동장을 벗어나 비권력의 역사를 서술하는 것이다. 고대사 분야의 역사는 대체로 권력의 문제만을 다루고 있다. 때론 권력이 보다 집중될수록 '발전'된 '문명' 사회처럼 서술되기도 한다. 물론 자료 부족으로 인한 제약이 크지만, 이처럼 '권력 집중'을 '올바른' 방향으로 설정하는 태도는 지극히 권력의 시선을 체화한 결과이다.

우리의 근현대사가 권력의 폭력성을 처절하게 경험하는 역사였다는 사실을 잊어서는 안 된다. 오늘도 여전히 그 권력의 폭력성이 유효하게 작동하고 있다면, 지금의 고대사 서술 태도로는 역사학의 의미를 찾기 어렵다. 폭력적 권력의 속성을 밝히고, 도저한 비권력의 저항을 복원하고 싶다. 그러나 말처럼 쉽지 않다. '고도'라는 가상의 마을 이야기를 만든 이유이다. 가상으로라도 승려 D와 고위관료 E가 기획한 도성 경관에 C의 억울함과 H의 의문을 새기고 싶었다.

이 글을 준비하면서 몇 편의 소설을 읽었다. 좋은 글을 머릿속에 마구 집어넣으면 좋은 글이 뚝딱 나올 것만 같았다. 그러나 고민만 깊어졌다. 의도한 것은 아니었지만 고르다 보니 과거의 사건 혹은 인물을 소재로 한 소설들이었고, 이 책들은 역사책보다 훨씬 더 흥미롭고 가슴 뜨겁게 그리고 탁월하게 역사를 전하고 있었다. 차이는 사람 이야기라고 믿는다. 언젠가 나도 그런 사람 이야기를 하고 싶다.

• 참고자료

• 동아시아 고대 도성에 관한 몇 가지 참고자료

김희선, 《동아시아 도성제와 고구려 장안성》, 지식산업사, 2010.

박한제, 《중국 도성 건설과 입지》, 서울대학교출판문화원, 2019.

박한제, 《중국 중세도성과 호한체제》, 서울대학교출판문화원, 2019.

여호규, 〈삼국 초기 도성의 형성 과정과 입지상의 특징〉, 《삼국시대 국가의 성장과 물질문화 1》, 한국학중앙연구원출판부, 2015.

여호규, 〈삼국 후기 도성 경관의 변화와 그 특성〉, 《삼국시대 국가의 성장과 물질문화 2》, 한국학중앙연구원출판부, 2015.

전덕재, 《신라 왕경의 역사》, 새문사, 2009.

妹尾達彦, 《長安の都市計劃》, 講談社, 2001; 최재영 옮김, 《장안은 어떻게 세계의 수도가 되었나》, 황금가지, 2006.

山中章, 《日本古代都城の研究》, 柏書房, 1997.

岸俊男, 《日本古代宮都の研究》, 岩波書店, 1988.

崔宰榮, 〈唐 前期 長安城의 構造와 治安組織〉, 《震檀學報》 109, 2010.

賀業鉅, 《考工記營國制度研究》, 中國建築工業出版社, 1985; 윤정숙 옮김, 《중국 도성제도의 이론—《주례·고공기》의 도성제도》, 이회, 1995.

• 권력의 기원과 전개에 관한 몇 가지 참고자료

김영하, 《한국고대사의 인식과 논리》, 성균관대학교출판부, 2012.

石母田正, 《日本の古代國家》, 岩波書店, 1970.

Engels, Friedrich, *Der Ursprung der Familie, des Privateigenthums und des Staats: Im Anschlus an Lewis H. Morgans Forschungen(Vierte Auflage)*(Stuttgart, 1892); 김태호·박기순·양정필·이수흔·정선희·최인호 옮김, 《가족, 사적 소유 및 국가의 기원》, 박종철출판사, 1991.

Flannery, Kent·Joyce Marcus, *The Creation of Inequality: How Our Prehistoric Ancestors Set the Stage for Monarchy, Slavery, and Empire*(Harvard University Press, 2012); 하윤숙 옮김, 《불평등의 창조: 인류는 왜 평등 사회에서 왕국, 노예제, 제국으로 나아갔는가》, 미지북스, 2015.

Foucault, Michel, *Surveiller et punir: Naissance de la prison*(Gallimard, 1975); 오생근 옮김, 《감시와 처벌: 감옥의 탄생(번역개정판)》, 나남, 2016.

Rousseau, Jean-Jacques, *Discours sur l'origine et les fondements de l'inégalité parmi les hommes*(Chez Marc-Michel Rey, 1755); 주경복·고봉만 옮김, 《인간 불평등 기원론》, 책세상, 2003.

Scott, James C., *Against the Grain*(Yale University Press, 2017); 전경훈 옮김, 《농경의 배신》, 책과함께, 2019.

• 공간과 경관에 관한 몇 가지 참고자료

여호규, 〈한국 고대 공간사 연구의 가능성 모색〉, 노태돈 교수 정년기념논총 간행위원회 엮음, 《한국 고대사 연구의 시각과 방법》, 사계절, 2014.

Hoskins, W. G., *The Making of the English Landscape*(Hodder & Stoughton, 1955); 이영석 옮김, 《잉글랜드 풍경의 형성》, 한길사, 2007.

Lefebvre, Henri, *La production de l'espace*(ECONOMICA, 2000); 양영란 옮김, 《공간의 생산》, 에코리브르, 2011.

Schroer, Markus, *Räume, Orte, Grenzen: Auf dem Weg zu einer Soziologie des Raums*(Suhrkamp, 2005); 정인모·배정희 옮김, 《공간, 장소, 경계》, 에코리브르, 2010.

Sennet, Richard, *Flesh and Stone: The Body and the City in Western Civilization*(W. W.

Norton, 1996); 임동근 옮김, 《살과 돌: 서양 문명에서의 육체와 도시》, 문학동
네, 2021.

• **본문의 원출처**

권순홍, 〈도성 관련 용어 검토―'都'·'郭'·'京'을 중심으로〉, 《사림》 62, 2017.

권순홍, 〈고구려 도성 경관의 형성과 지배 권력의 추이〉, 《한국고대사연구》 95,
2019.

권순홍, 〈고구려 도성 내 평지 성곽의 출현과 그 기능〉, 《歷史學報》 244, 2019.

권순홍, 〈평양 도성의 경관을 통해 본 고구려 지배질서의 변화〉, 《역사와 현실》
116, 2020.

• 찾아보기

금요일엔 역사책 ❻

고대 도성, 권력으로 읽다

2023년 11월 22일 1판 1쇄 인쇄
2023년 11월 29일 1판 1쇄 발행

지은이   권순홍
기획   한국역사연구회
펴낸이   박혜숙
디자인   이보용
펴낸곳   도서출판 푸른역사
               우) 03044 서울시 종로구 자하문로8길 13
               전화: 02)720−8921(편집부) 02)720−8920(영업부)
               팩스: 02)720−9887
               전자우편: 2013history@naver.com
               등록: 1997년 2월 14일 제13−483호

ISBN 979−11−5612−264−7 04900
       979−11−5612−252−4 04900(세트)

• 잘못 만들어진 책은 교환해드립니다.